Jens Schäfer

ALLES, WAS GUT IST

Handbuch für die schnäppchenfreie Zone

BLOOMSBURY BERLIN
BLOOMSBURY PUBLISHING • LONDON • NEW YORK • BERLIN

© 2011 Bloomsbury Verlag GmbH, Berlin
Alle Rechte vorbehalten
Umschlaggestaltung: Rothfos & Gabler, Hamburg
Illustrationen von © Hendrik Jonas/Atelier »Gute Gründe«
Typografie: Leslie Driesener, Berlin
Gesetzt aus der Stempel Garamond und der Frutiger
durch hanseatenSatz-bremen, Bremen
Druck und Bindung: CPI – Clausen & Bosse, Leck
Printed in Germany
ISBN 978-3-8270-0994-4
www.bloomsbury-verlag.de

Inhalt

**Falsch gespart ist schon kaputt
oder: Die neue Lust an Qualität** 7

1. Beruf & Büro 9
2. Haus & Hof 27
3. Familie & Kinder 43
4. Speisen & Getränke 53
5. Heimwerken & Hobby 92
6. Bad & Hygiene 104
7. Unterwegs & Draußen 116
8. Sport & Spiel 136
9. Küche & Kochen 150
10. Kleidung & Accessoires 179
11. Luxus & Leidenschaft 193

Alles gut, Ende gut 202

Register 203

Der Autor 208

Falsch gespart ist schon kaputt
oder: Die neue Lust an Qualität

Meinen ersten Dosenöffner kaufte ich mit zwanzig. Meinen zweiten drei Wochen und gefühlte zehn Konserven später. Er sollte nicht mein letzter Fehlkauf bleiben. Seit Jahren stapeln sich bei mir zuhause Dinge, die günstig waren, sich aber als so minderwertig entpuppten, dass ich sie nicht benutzen konnte. Die zu eng, zu klein oder zu dünn waren; die klemmten, quietschten, kratzten, rochen, verschmierten oder rissen; die nicht schmeckten, auseinanderfielen oder zerbrachen und die mich entweder sprachlos, hilflos oder wütend machten, meist aber alles zusammen.

Das Leiden am Schlechten ist kein neues Phänomen. Schon vor 100 Jahren listete das Buch *Guter und schlechter Geschmack im Kunstgewerbe* zahllose Material-, Konstruktions- und Dekorfehler auf, setzte sich der Deutsche Werkbund für »ästhetisch und moralisch« gute Form ein, wollte das Bauhaus Architekten, Bildhauer, Maler mit Handwerkern vereinen, »weil sich zu viele unproduktive ›*Künstler*‹ in Salonkunst verloren hatten«.

Wurde damals mangelnde Nützlichkeit, Zweckmäßigkeit und Sachlichkeit beklagt, leiden wir heute vor allem an geringer Qualität. Wir haben nicht zu viel von allem. Sondern zu vieles, das nicht funktioniert.

Funktionalität, *Funktionstüchtigkeit*, *Geschmack* und *Langlebigkeit* sind die wesentlichen Eigenschaften, die ein gutes Produkt ausmachen. Seine Güte wird bestimmt durch die Faktoren *Zeit* und *Raum*. Je mehr *Zeit* ein Produkt in der Herstellung benötigt, desto teurer wird es. Vieles braucht *Raum*, um zu reifen. Auch das kostet. Nicht zuletzt ist *Zeit* das, was wir Endverbraucher täglich in Warteschlangen, Warteschleifen und mit dem Beheben von Folgeschäden, die schlechte Dinge verursacht haben, verlieren. Zeit, die wir uns hätten sparen können, wenn wir gleich zum Guten gegriffen hätten.

Dieses Buch ist für alle Menschen, die den Spaß an und den Wert von guten Dingen zu schätzen wissen und keine Lust mehr auf billige Ramschangebote haben. Die kapiert haben, was *buy cheap – buy twice* bedeutet und dass es Sinn macht, ein paar Euro mehr hinzulegen, wenn die Sachen dafür funktionieren, halten, Zeit und Nerven sparen. Qualität ist, was bleibt, wenn der Preis längst vergessen ist. Wie angenehm ist ein Bleistift, der beim Spitzen nicht abbricht. Wie zufrieden macht eine Regenjacke, die tatsächlich wasserdicht ist. Und wie viel Spaß ein Dosenöffner, der eine Konserve ohne Probleme aufschneidet.

Meinen ersten habe ich nie vergessen.
Den zweiten benutze ich heute noch.

Jens Schäfer *Berlin, im Februar 2011*

Beruf & Büro

Bleistifte

Man hat einen Bleistift, dessen Mine stumpf ist, greift zum Spitzer, spitzt und spitzt und freut sich, gleich mit einem schönen, frisch gespitzten Stift weiter zu schreiben oder zu malen … da bricht die Mine ab! Kann ja mal passieren, denkt man, entfernt das Bruchstück und spitzt noch mal. Die Mine, die übrigens nicht aus Blei, sondern aus Graphit ist, bricht wieder ab. Erste Selbstzweifel tauchen auf, vielleicht spitze ich falsch, oder ich kann gar nicht richtig spitzen, habe möglicherweise im Unterricht gefehlt, als das Spitzen drankam. Man spitzt noch mal, langsamer diesmal, und wieder bricht das Ding ab. Und noch mal und noch mal und so weiter und so fort. Man weiß ja nicht, dass man nicht selbst Schuld trägt, sondern es mit einem qualitativ minderwertigen Bleistift zu tun hat, der von der Bleistiftindustrie vermutlich nur deshalb auf den Markt gebracht wurde, um die vielen gebrochenen Minen, die sie im Lager hatten, loszuwerden. Dabei ist es so einfach, einen guten, wenn auch etwas kostspieligeren Bleistift zu kaufen, dessen Mine laut Hersteller sogar einen Sturz aus dem familieneigenen Schloss übersteht. Gute Hersteller verleimen ihre Mienen noch mal extra, und sie verkaufen sie nicht zu Schleuderpreisen im Zehnerpack, sondern einzeln und im Fachhandel.

Bleistiftspitzer

Wenn der Bleistiftspitzer den → Bleistift eng anliegend führt, kann eigentlich nichts schiefgehen. Spitzern aus Aluminium gelingt das am besten. Aluminium geht auch nicht gleich kaputt, wenn der Spitzer runterfällt oder man drauftritt. Plastik schon eher.

Bodenschutzmatten

Schon so mancher Dielenboden sah schon wenige Wochen, nachdem er zweifach abgeschliffen und versiegelt wurde, aus, als seien mehrere Maschinengewehrsalven auf ihn abgefeuert worden. Im Gegensatz zu Parkett, auf dem man problemlos herumlaufen kann, wurde für Dielen früher meist billiges (und damit sehr weiches) Holz genommen, das der Last heutiger Stuhlbeine und -rollen nicht gewachsen ist. Damals störte das nicht, denn zu einer Zeit, da die Altbauten noch Neubauten waren, verbarg man Dielen ganz selbstverständlich unter Teppichböden und Läufern.
Wer heute keine hagelschadenartigen Löcher im Boden haben will, kommt um eine Bodenschutzmatte kaum herum. Dabei sollten Sie zu einer stabilen, bruchfesten, schwer entflammbaren und geruchsneutralen Matte aus Polycarbonat greifen, oder, noch besser, zu antistatischem Polycarbonat mit rutschsicherer Haftschicht. Transparente Matten sind teurer, sehen aber besser und nicht gleich schon am ersten Tag so vergilbt aus wie die milchigweißen Matten aus Polypropylen.

Briefmarken

Der Erwerb einer guten Briefmarke hat nichts mit Kosten zu tun, dafür viel mit Zeit und Ästhetik. Es gibt sie nämlich am Schalter und am Automaten. Am Automaten muss man nie anstehen. Dafür sehen diese Marken alle gleich und gleich langweilig aus – reine Zweckprodukte, die auch ein angedeutetes Brandenburger Tor im Hintergrund nicht verschönern kann.

Für Sondermarken dagegen muss man anstehen. Und zwar in einer der immer langen Schlangen in einer der immer rarer werdenden deutschen Postfilialen, wo immer nur zwei von zehn Schaltern geöffnet sind und wo im hinteren, für alle einsehbaren Bereich immer mindestens sechs weitere Angestellte mit etwas beschäftigt sind, dessen Sinn sich einem nicht erschließt. Das stellt die Geduld jedes Mal auf eine harte Probe. Denn es kostet viel Zeit, und Zeit ist bekanntlich Geld. Aber das Warten lohnt sich, denn die Marken, die hier verkauft werden, sind tausendmal schöner als die einfallslosen, gelb-blauen Rechtecke der Automaten. Filigrane kleine Meisterwerke, die die Geschichte und Geschichten unseres Landes und seiner Menschen erzählen: die Himmelsscheibe von Bebra, die Fußballweltmeisterschaft im eigenen Land oder 750 Jahre Knappschaft auf einen → Briefumschlag oder eine → Postkarte geklebt, bereiten den Adressaten jedes Mal viel Freude.

Hier einige hübsche Sondermarken, die 2011 auf den Markt kommen:

- 200 Jahre Errichtung des ersten Turnplatzes durch »Turnvater« Friedrich Ludwig Jahn, *Deutsche Post*
- 125 Jahre Mecklenburgische Bäderbahn »Molli«, *Deutsche Post*

- Regensburger Dom und Tempel Yakushi-jiin Nara, *Gemeinschaftsmarke der Deutschen Post mit Japan*
- 100. Geburtstag Max Frisch, *Schweizer Post*
- 14th World Gymnaestrada Lausanne 2011, *Schweizer Post*
- Muggenstutz*, *Schweizer Post*
- Österreicher in Hollywood: Hedy Lamarr, *Österreichische Post*
- Jan Vermeer van Delft, *Österreichische Post*
- Gastronomie mit Tradition: Café Hawelka, *Österreichische Post*

* Ein beliebter Schweizer Zwerg

Briefumschläge

Hier lautet die Faustregel: Briefumschläge mit Klebestreifen zum Abziehen sind besser als selbstklebende und selbstklebende sind besser als abzuleckende. Letztere schmecken immer ein wenig nach Recyclingmaterial, ein scheußlicher Geschmack, den man minutenlang nicht von der Zunge bekommt.

Bürostühle

Das Volksleiden Rückenschmerzen steht vermutlich im direkten Zusammenhang mit den vielen schlechten Bürostühlen. Ein guter Bürostuhl ist durch das GS-Zeichen zertifiziert, das garantiert, dass der Stuhl sicherheitstechnisch überprüft wurde. Er ist gefedert und höhenverstellbar und hat eine hohe Rückenlehne, an der sich auch die Schulterpartie anlehnen kann. Armauflagen helfen, die Schulter zu entlasten. Die Sitzfläche ist verstellbar und hindert das Becken daran, abzukippen. Bei tausenden von Stunden, die man im Lauf seines Lebens auf einem Bürostuhl verbringt, ist falsches Sparen fahrlässig und hochgradig gesundheitsgefährdend.

Collegeblocks

Das Papier der meisten Ringbücher wiegt 70 g/m². Dadurch ist ihr Papier dünner und anfälliger als das schwererer Produkte. Ein guter Collegeblock darf nämlich ruhig 80 oder sogar 90 Gramm haben. Die Grammzahl bezieht sich immer auf das Gewicht des Papiers pro Quadratmeter. Die Blätter sollten satiniert (d. h. geglättet) und mikroperforiert sein, damit man sie leicht herausreißen kann. Die Spirale besteht idealerweise aus stabilem Draht und der Rücken aus festem Karton.

Cutter

Der große Vorteil bei der Benutzung eines guten Cutters ist, dass man nicht ständig Angst haben muss, sich damit Finger (oder gar ganze Gliedmaßen) abzutrennen – oder, dass er einfach nur auseinanderfällt. Metall-Cutter sind Plastik-Cuttern immer vorzuziehen, denn sie sind fest, stabil, ihre Klinge ist nicht zu dünn und rutscht nicht hin und her, nachdem man sie einmal justiert hat.

Druckerpapier

80 Gramm sollte Druckerpapier auf jeden Fall wiegen (siehe → Collegeblocks). Nur dann flattert und wellt es sich nicht, wenn es mit der feuchten Tinte in Kontakt kommt. Es knickt auch nicht mangels Stabilität um, wenn es ins Papierfach eines Druckers gestapelt wird. Einige Premium-Hersteller bieten Druckerpapier mit 60 Gramm an, das dieselben Eigenschaften hat wie schwereres, aber dünner ist. Das ist überall da gut, wo Papier tonnenweise verbraucht wird, also in Verlagen, Schulen oder beim Finanzamt.

Filzgleiter

Der erste Filzgleiter meines Lebens war einer zum Kleben. Das erschien mir praktisch, konnte ich ihn doch jederzeit wieder ablösen, sollte ich den Stuhl einmal verkaufen wollen. Leider fielen die Filzkleber ständig ab. Ich fand sie in Zimmerecken und auf den Sohlen meiner → Schuhe, in → Blumentöpfen und im → Fressnapf meines Hundes. Und was tat ich? Lief in einen Discounter und kaufte neue Filzgleiterkleber. Ich war dumm und hatte kein Geld. Von meinem ersten Selbstverdienten erwarb ich vier Nagel-Filzgleiter, die ich mit großem Genuss unter meinen Lieblingsstuhl nagelte. Eine neue Zeit brach an. Bis auf die beiden, die ich krumm hineingeschlagen hatte, saßen sie sehr fest. Auch war der Filz viel dicker und somit dämmender als der alte. Aber irgendwann wurden auch die genagelten Gleiter locker und fielen ab. Sie hatten der Belastung und dem vielen Hin- und Hergeschiebe nicht standgehalten. Schließlich kaufte ich Schraubgleiter. Die kosten das Zehnfache der Klebefilzgleiter. Aber sie sind es wert. Ich schraubte sie in die Löcher, die

die Nagelfilzgleiter hinterlassen hatten. Fester kann ein Filzgleiter nicht sitzen. Die Filzfläche ist wie beim Nagel 10 mm dick, aber hat in der Mitte ein Loch (für die Schraube) und damit bis zu 25 Prozent weniger Fläche. Dafür halten sie aber bombensicher. Sollten auch die Schraubfilzgleiter eines Tages rausfallen, werde ich den Stuhl wohl wegwerfen müssen.

Füllertinte

Gute Markentinte enthält mehr Farbpigmente als weniger gute und liefert deshalb ein deckenderes Schriftbild.

Geodreiecke

Es gibt bruchsichere und nicht bruchsichere Geodreiecke, wobei nur Erstere explizit als solche gekennzeichnet sind. Vor allem junge Schüler sollten ausschließlich bruchsichere Produkte verwenden, da sie sie bekanntlich gerne zu allen möglichen schulfremden Tätigkeiten benutzen, bei denen die Spitze abbrechen kann. Das könnte so manchen chirurgischen Eingriff bei Mitschülern ersparen.

Handyverträge

Hohe Preise werden hierzulande stets mit zu hohen Lohn- und Lohnnebenkosten begründet. Produkte, bei deren Verkauf keine Menschen mehr beteiligt sind, müssten also zwangsläufig billiger sein. Handytarife zum Beispiel. Tatsächlich kosten die, die man online abschließen kann, weniger als die aus dem Fachgeschäft. Man klickt sich durch viele Seiten, begibt sich auf falsche Fährten, geht Irrwege, muss mindestens einmal zurück, weil man irgendein Häkchen vergessen hat, und muss dann mindestens zwei ganze Datensätze von neuem eingeben, weil man rausgeflogen ist. Hat man dann endlich seinen Handyvertrag, verkauft der Mobilfunkanbieter diese Daten möglicherweise weiter, während man auf die Freischaltung der Nummer und die Zusendung eines Mobiltelefons wartet. Irgendwann hat man alles beisammen. Erst dann merkt man, was man sich ans Bein gebunden hat. Dass man, wenn man ein Problem oder auch nur eine Frage hat, mit niemandem sprechen darf, es sei denn, man bezahlt horrende Minutenpreise. Willkommen in der Warteschleife:

Ihr Handy geht nicht? – *Herzlich willkommen bei Ihrem Mobilfunkanbieter.* – Man hat Ihnen das falsche Handy geschickt? – *Wir machen Sie darauf aufmerksam, dass dieses Gespräch zu Trainingszwecken aufgezeichnet werden kann. Wenn Sie dies nicht wünschen, teilen Sie uns das bitte am Anfang des Gesprächs mit.* – Sie haben aus Versehen eine Flatrate für Saudi-Arabien angekreuzt und wollen das schnell rückgängig machen? – *Wollen Sie mit einem unserer Kundenberater sprechen, dann drücken Sie bitte die 1.* – Ihre Adresse wurde falsch übernommen. – *Haben Sie Fragen zu Ihrer Rechnung oder ein Problem mit dem Abruf der Rechnung, dann drücken Sie bitte die 2.* – Es wurde nicht der versprochene Angebots-, sondern der volle Preis von Ihrem Konto abgebucht. – *Haben Sie Fragen zu ihrem Vertrag oder Ihrer Mindestlaufzeit, dann drücken Sie bitte die 3.* – Sie wollen vom Vertrag zurücktreten? – *Wollen Sie den Chef sprechen, unser Unternehmen verklagen oder mir eine reinhauen, dann drücken Sie bitte die 0. Aber bedenken Sie, dass ich nur eine computergenerierte Stimme bin.*

Heftgeräte

Ein Hefter aus Plastik erträgt es auf Dauer nicht, dass man ihm ständig auf den Kopf haut. An einem robusten Metallhefter führt also kein Weg vorbei. Bis zu acht Blätter sollte er nur durch leichtes Antippen und ohne zusätzliche Kraftanstrengung heften können. Mit Kraftanstrengung müssen 20 bis 30 Blätter drin sein.

Heftklammern

Heftklammern sollten immer verzinkt sein. Sonst können sie rosten. Bei der Altpapierentsorgung werden sie separat erfasst und zusammen mit anderem Altmetall weiter recycelt.

Homepages

Es gibt immer noch viel zu viele kleine Handwerksbetriebe, die keine eigene Website haben. Und das, obwohl kein Mensch mehr zum Telefonbuch greift, wenn er den Boden fliesen, einen Sessel neu beziehen oder eine Marmorplatte zurechtsägen lassen möchte. Jeder recherchiert im Internet. Handwerker, die noch keine Homepage haben, aber gerne eine hätten, sollten auf keinen Fall auf die Idee kommen, sie mit Hilfe eines Baukastens selbst bauen zu wollen. Dafür gibt es Webdesigner, deren Beruf es ist, gute, schöne, praktische, sinnvolle, durchdachte, ansehnliche und einladende

Webseiten zu entwerfen. Sehen Sie sich die Arbeit des Profis genau an – geht ja ganz einfach im Netz. Wie schnell baut sich die Seite auf? Ist sie überladen? Wie übersichtlich ist die Navigation? Gefällt Ihnen die Farb- und Bildgestaltung? Gibt es zu viel Text? Zu viele Bilder? Klicken dauernd Werbefenster auf? Denn eines haben Ihre Kunden immer im Hinterkopf: *Life is too short to surf on bad websites.*

Karteikarten

Gute Karteikarten sind hochweiß oder bunt, satiniert und haben 200 Gramm (siehe → Collegeblocks). Die Grammzahl bezieht sich immer auf das Gewicht des Papiers pro Quadratmeter (die sogenannte *Grammatur*). Die Füllerfeder bleibt nicht an kleinen Papierpartikeln hängen, sondern gleitet sauber und elegant über den Karton, als würde sie schweben.

Klammeraffen

sollten → Heftklammern so lösen, dass sowohl die gehefteten Papierblätter als auch die eigenen Fingernägel ganz und unbeschädigt bleiben. Das geht. Kostet aber.

Klebebänder

An den Kassen der Baumärkte, neben Pinselsets, Mülltüten und Fliegenklatschen liegen sie aus, die dicken braunen Rollen, die nicht viel kosten. Liegen da und rufen Ihnen ins Gedächtnis, dass Sie ja auch noch Klebeband kaufen wollten. Dabei sollten Sie von dieser Art von Mitnahmeartikeln grundsätzlich die Finger lassen. Auch wenn sich das Markenprodukt im hintersten Winkel oder im zweiten Stock befindet, sollten Sie sich unbedingt noch mal auf den Weg machen. Gute Klebebänder lassen sich gut schneiden, sie reißen in einer geraden Linie ab und nicht stückchen- oder fitzelchenweise. Vor allem lässt sich gutes Klebeband wieder von Küchenschränken, Regalbrettern, Kühlschränken entfernen, die bei einem Umzug zugeklebt oder verklebt werden. Billiges Klebeband dagegen löst sich ab und auf und bleibt in hässlichen, braunen Fetzen, die man selbst mit literweise Waschbenzin nicht mehr richtig wegbekommt, an Ihren Möbeln hängen. Generationen von Menschen haben sich die Einrichtung versaut, weil sie zu müde waren, noch mal in den zweiten Stock zurückzugehen. Gutes Klebeband erkennt man daran, dass es wesentlich mehr kostet als schlechtes. Und viel dicker ist. Legen Sie mal eine teure 50-Meter-Rolle auf eine billige. Sie werden staunen.

Klebefilme

Nur Markenprodukte kleben dauerhaft gut, lassen sich sauber und glatt abreißen und verarbeiten. Benutzt man sie ohne → Abroller, muss man sie ihrer ausreichenden Dicke wegen nicht umständlich abknubbeln, sondern findet rasch den Klebefilmanfang. Ein guter Film ist gleichförmig aufgerollt (wie eine Filmspule) und nicht krumm, schief oder gewellt.

Klebstoff

Klebstoff ist ein Stoff, der zwischen zwei gleiche oder verschiedene Materialien aufgetragen wird, so dass diese beiden Teile sich (meist) unlösbar miteinander verbinden. Adhäsion bezeichnet den molekularen Kontakt zwischen den Oberflächen verschiedener Teile. Kohäsion meint die innere Festigkeit des Klebers, also den Zusammenhalt der Kunststoffmoleküle untereinander. Je höher die Kohäsion des Klebstoffs, desto stärker klebt er. So mancher Hersteller von handelsüblichem Haushaltsklebstoff scheint bei der Kohäsion zu sparen. Warum sonst kleben und halten die teureren Markenprodukte oft besser als die billigen?

Korrekturflüssigkeit

Die klassische Korrekturflüssigkeit neigt mit der Zeit zum Eintrocknen und zu starker Bröselbildung. Dann fallen beim Öffnen des Fläschchens kleine, harte Bröckchen ab, die sich schon mal über das Papier und den ganzen Tisch verteilen können. Gelangen diese Brösel zusammen mit der Flüssigkeit auf die zu korrigierende Stelle, verwandeln sie diese in eine hügelige Kraterlandschaft, auf der ein schönes *Rewrite* nahezu unmöglich ist.

Empfohlen werden Korrekturbänder, die man aus einem Roller auftragen kann. Man fährt einfach wie mit einem Markierungsstift über die entsprechende Stelle, die korrigierte Fläche ist anschließend sauber, plan und sehr gut beschreibbar.

Kugelschreiber

Hochwertige Kugelschreiber haben es heutzutage schwer, da es die billigen Exemplare in allen Farben und Formen und vor allem überall umsonst gibt. In Hotels, bei Verkaufs- und Sportveranstaltungen, als Werbeartikel und bei Freunden. Kugelschreiber sind der totale Massen- und Wegwerfartikel. Besonders schlimm sind die Kulis, die in den Postfilialen aushängen: gelbe, schmierende, an viel zu kurzen Ketten befestigte Stifte, mit deren schwarzer Tinte man so unfassbar krakelig und krumm schreibt, als habe man sich gerade die Hand auf einer Herdplatte verbrannt. Außerdem läuft diese Tinte aus und verschmiert Paketscheine und Hände.

Die Konkurrenten von Kugelschreibern sind Filzstifte, Tintenroller sowie E-Mails und SMS, mit denen wir heutzutage unsere tägliche Korrespondenz erledigen. Mit einem Kuli schreibt man heute höchstens noch die Einkaufsliste. Oder signiert Rechnungen, Abmahnungen oder Urlaubsgrüße auf → Postkarten. Aber gerade weil es nur noch wenige, dafür aber sehr wichtige und persönliche Dinge sind, ist es umso bedeutender, einen guten Kugelschreiber zu benutzen. Der liegt stabil in der Hand, hat den richtigen Schwerpunkt und ist nicht zu dick oder zu dünn. Er hat ein Metallgehäuse und ist weder zu leicht noch zu schwer. Vor allem enthält seine Mine hochwertige Tinte, die ein flüssiges und geschlossenes Schriftbild ergibt. Er ist in der Lage, auch noch die krakeligste Handschrift in ein kleines kalligraphisches Meisterwerk zu verwandeln. Wie zu einem → Messer entwickelt man zum eigenen Kugelschreiber im Lauf der Zeit ein persönliches, nahezu freundschaftliches Verhältnis, was mit einem Werbegeschenk nur in Ausnahmefällen passiert.

Laptoptaschen

Eine Laptoptasche muss wasserfest, stabil und gut gepolstert sein, denn das Wichtigste ist der Laptop, der sicher und trocken von A nach B transportiert werden soll. Zum Ärgernis wird eine mit einem Laptop gefüllte Laptoptasche, wenn sie den Schwerpunkt nicht halten kann und ständig nach vorne oder nach hinten rutscht. An so eine Tasche kann man leicht geraten, wenn man im Internet bestellt oder den Laptop nicht mit in den Laden nimmt, um sie vorher auszuprobieren – was ich Ihnen somit dringend empfehle.

Lineale

Kaufen Sie ein Lineal aus Metall oder einem sehr festen Kunststoff. Die sind bruchsicher und lassen sich auch nicht so leicht von einem → Cutter zerschneiden.

Locher

Ein Locher soll zwei Löcher im Abstand von 12 mm zur Papierkante mit einem Durchmesser von 6 mm und einem Abstand von 80 mm in ein Blatt Papier lochen, damit dieses zusammen mit anderen gelochten Blättern in einem → Ordner abgeheftet werden kann. Ein guter Locher ist handlich und robust und aus Metall, er packt locker 16 Blatt, ein Profigerät schafft bis zu 60. Eine Anschlagschiene, die einem das lästige Knicken der Blattmitte erspart, ist obligatorisch. Vor dem Kauf sollte man unbedingt Probelochungen vornehmen, da immer wieder günstige, gut aussehende Geräte auf den Markt kommen, die so schlecht sind, dass sie die kleinen Papierkreise nur zur Hälfte ausstanzen – was ganz furchtbar ist.

Dennoch: Aus sentimentalen Gründen benutze ich seit beinahe zwei Jahrzehnten ein uraltes Gerät, das in so ziemlich allem das Gegenteil eines guten Lochers ist. Ich habe es 1991 im Bürotrakt eines riesigen, leerstehenden Fabrikareals in Halle an der Saale gefunden, das inzwischen längst abgerissen wurde. Es stand in der Merseburger Landstraße und gehörte zu einem Zulieferbetrieb der chemischen Industrie in Buna. Es schien, dass die Menschen, die hier jahrelang gearbeitet hatten, in dem Moment, in dem die Mauer fiel, alles stehen und liegen gelassen hatten und nie mehr hierher zurückgekehrt waren. Tische und Stühle, Blumenvasen, Lampen, → Spielkarten, Briefpapier, Vordrucke und SED-Ausweise, Parteibücher und Werke marxistischer Wirtschaftstheorie, Stifte und Stempelkissen, alles war noch da. Wir lasen stundenlang in umständlich formulierter Geschäftskorrespondenz, die wir in den Schubladen fanden. Ich hätte gern etwas mitgenommen, aber das Zeug war aus gutem Grund zurückgelassen worden. Das Papier war rau und hatte keine schöne Farbe, die Stühle waren unbequem, die Möbel hässlich. Also nahm ich wenigstens den Locher mit. Er ist mein persönliches Symbol der deutschen Einheit. Immer wenn mein Neffe mich fragt, warum diese DDR eigentlich untergegangen ist, zeige ich ihm diesen unhandlichen, unpraktischen und viel zu schweren Locher, der nur sehr unregelmäßige Löcher stanzt.

Monitore

Von einem Schreiner erwartet jeder, dass er nur mit den besten Hobeln und Stechbeiteln arbeitet. Von einem Schlachter, dass er das Fleisch mit einem guten Fleischermesser zerteilt, von einem Maurer, dass er seinen Mörtel mit einer guten Kelle auf die Backsteine klatscht. Aber wenn es an das eigene Arbeitsgerät geht, werden die meisten Menschen nachlässig. So starren viele ihr halbes Arbeitsleben in minderwertige Monitore. TFT *(Thin Film Transistor)* und LCD-Monitore *(Liquid Crystal Display)* sind die besten, denn sie sind flach, strahlungsarm, verzerren das Bild nicht und flimmern kaum.

Die besten haben eine hohe Auflösung, also viele Bildpunkte. 1920 x 1200 sind sehr gut. Je mehr Pixel, desto schärfer das Bild. Ein großer Blickwinkel ist ebenfalls wichtig, damit man auch noch etwas sehen kann, wenn man von links oder rechts auf den Bildschirm blickt. Manche Monitore passen den Helligkeitsgrad automatisch an das Umgebungslicht an. Ihren Augen werden es Ihnen danken.

Musiklabels

Viele junge Bands und Musiker fragen sich, ob sie sich ein Musiklabel suchen oder im Zeitalter von Internet, Onlineshops und Downloadportalen ihre Songs nicht lieber selbst vermarkten sollten. Schließlich bekommt so ein Musiklabel Prozente. Sie sollten sich mal mit Lars Lewerenz vom Elektropunklabel *Audiolith* unterhalten, der in einem *Spiegel*-Interview sagte: »Wenn es heute heißt, jetzt braucht keiner mehr Labels, weil man es ja selbst direkt bei iTunes einstellen kann – ja, dann macht das doch! Mach deinen eigenen

Webshop, mach deine eigene Promo, bemustere die ganzen Blogs und Magazine doch, aber schimpf nicht auf die Labels.«

Notizbücher

Siehe Rubrik → Unterwegs & Draußen.

Ordner

Ein guter Ordner ist aus besonders fester, kantenverstärkter Pappe und hat ein verstärktes Griffloch. Seine Schließmechanik muss passgenau sein und so präzise funktionieren, dass reibungsloses Blättern und Schließen an jedem Ort und zu jeder Zeit gut möglich ist. Wer Unterlagen durchgeht, ein Dokument sucht oder in längst abgehefteter Korrespondenz stöbert, will Papierstapel ohne Widerstände hin und her wuchten können. Es nervt kolossal, wenn das Papier beim Blättern hängenbleibt oder man sich an den nicht exakt passenden Bügeln die Finger klemmt.

Schneidemaschinen

Nur gute Schneidemaschinen haben eine Millimeter-Skala auf einer Metallplatte und ein Rundmesser, das sich beim Benutzen um eine Achse dreht und an ein unteres Messer gedrückt wird. Damit kann man sauber, glatt und schnell kleinere und größere Papiere und Kartonagen zurechtschneiden.

Schulhefte

Rein in den Ranzen, raus aus dem Ranzen, rein in den Ranzen, raus aus dem Ranzen: Ein Schulheft ist heftigen Strapazen ausgesetzt. Deshalb muss es einen stabilen Einband haben und zwei- oder dreifach fadengeheftet sein (Metallklammern können leichter ausreißen). Abgerundete Ecken wirken wie ein geschmäcklerisches Detail, verhindern aber lästiges Um- und Einknicken. Wer nicht möchte, dass der → Kugelschreiber beim Schreiben kratzt oder hängenbleibt, schreibe auf satiniertem Papier, das 80 oder sogar 90 Gramm hat (siehe → Collegeblocks).

Tricks

Billig oder *voll billig, ey*! sagt man zu Tricks und Verhaltensweisen, die rasch durchschaut werden und nur wenig Charme und Esprit haben.

Haus & Hof

Balkonkästen

Balkonkästen aus Ton oder Eternit sind geeigneter und schöner als solche aus Plastik. Sie sind atmungsaktiv und weitgehend aus natürlichen Grundstoffen hergestellt. Balkonkästen aus Plastik zerkratzen, brechen und bleichen deshalb so schnell aus, weil sie wie die meisten Produkte aus Kunststoff nicht gegen UV-Strahlen resistent sind.

Bettwäsche

Wie bei → Spannbetttüchern fühlt sich Bettwäsche aus *Mako Satin* besonders angenehm an. Denn diese ist besonders glatt und weich gewebt. Dass es da massive Unterschiede gibt, lässt sich feststellen, indem man mit der Hand über die verschiedenen Stoffe streicht.

Weiße oder unifarbene Bettwäsche ist oft teurer als bunt bedruckte – allerdings nicht, weil sie hochwertiger ist, sondern da sie seltener nachgefragt und deshalb in entsprechend geringerer Stückzahl hergestellt wird.

Blumentöpfe

Für Pflanzen, die es gern trocken mögen, sollte man einen Tontopf nehmen. Diese können Flüssigkeit aufnehmen und schnell an ihre Umgebung abgeben. Hellhörig machen sollte auch, dass Plastiktöpfe nicht zu dem stehen, was sie sind, sondern in Form, Design und Verzierung die Tontöpfe imitieren.

Brennholz

Die Eigenschaften verschiedener Brennholzarten sind:

Holzart	Brenneigenschaften	Brennwerte*
Birke	angenehm duftend, schöne Flamme, kaum Funkenflug, für offene Kamine geeignet	1900 Kwh/rm
Buche	sehr hoher Heizwert, lange Brenndauer	2100 Kwh/rm
Fichte	anfällig für Funkenflug, nur für geschlossene Kamine geeignet	2100 Kwh/rm
Kiefer	anfällig für Funkenflug, nur für geschlossene Kamine geeignet	1700 Kwh/rm
Robinie	entzündet erst bei sehr hohen Temperaturen, lange Brenndauer	2100 Kwh/rm

* bei einer Restfeuchte von weniger als 20 %. Siehe → Möbel.

Daunendecken

Daunen wachsen unter den Federn von Enten und Gänsen. Sie sind viel leichter als Federn und haben ein viel größeres Volumen. Daunen sehen aus wie kleine Schneeflocken, haben also eine dreidimensionale, kugelartige, elastische Form und flauschige Ästchen, die sogenannten Daunenbeinchen. Ein Gramm hochwertige Daune hat 70 000 Beinchen. Wenn sie sich ineinander verzahnen, bilden sie zahllose Luftkammern, in denen sich Wärme sehr gut speichert. Je größer die Daunen, desto besser. Sie kletten enger aneinander als kleine und haben eine große »Bauschkraft«, stellen also ihr ursprüngliches Volumen wieder her, nachdem sie zusammengedrückt wurden. Die beste und teuerste Daune stammt von der Eiderente aus Island.

Decken

Wolle ist ein extrem lang haltbares Naturprodukt. Sie fühlt sich sehr angenehm auf der Haut an, sieht toll aus und isoliert Wärme extrem gut, weswegen fein verarbeitete Wolle im Winter wärmt und im Sommer kühlt. Sie kann bis zu 30 Prozent des Eigengewichts an Feuchtigkeit aufnehmen, die sie rasch an die Umwelt abgibt. Dass Wolle sehr schmutzabweisend ist, liegt am Lanolin, dem natürlichen Wollfett. Außerdem nimmt Wolle kaum Gerüche an. Bei so vielen guten Eigenschaften – wieso soll man da eine Decke aus Fleece kaufen?

Energiesparlampen

Wenn wir schon per Gesetz dazu verpflichtet werden, Energiesparlampen zu benutzen, wollen wir wenigstens wissen, welche die besten sind. Zum Glück hat der Gesetzgeber dafür gesorgt, dass das auf der Verpackung vermerkt werden muss. Zur Erklärung: Je höher der *Lumenwert*, desto heller ist die Lampe. Je niedriger der *Kelvinwert*, desto »wärmer« (eigentlich rötlicher und damit gemütlicher) ist das Licht. Eine kurze Anlaufzeit ist ebenfalls gut, damit man nicht zu lange warten muss, ehe es hell wird. Nicht zu vergessen: Je höher die Lebensdauer, die auf der Verpackung angegeben sein muss, desto mehr Strom spart man. Am besten sind Lampen, die mindestens zehn Jahre alt werden können.

Fußbodenbeläge

Die Zeiten, in denen Linoleum nur in Krankenhäusern und Finanzämtern auslag, sind lange vorbei. Heute zieren Linoleumböden Privatküchen und -flure genauso wie moderne Büros. Ein Linoleumboden ist nicht billig. Aber er dämmt Wärme und Schall, ist dick, pflegeleicht, strapazierfähig und von langer Lebensdauer. Er wird aus Jute, Leinöl, Naturharz, Kreide, Holz- und Korkmehl hergestellt und hat eine gute Ökobilanz – ganz im Gegensatz zu den viel kostengünstigeren PVC-Böden, bei deren Herstellung und Verbrennung giftiges Dioxin freigesetzt werden kann, die dünn und anfällig sind, Schall und Wärme nicht so gut dämmen und zudem jede Menge Weichmacher enthalten.

Fusselrasierer

Barbara K. aus München hat sich mit einem Fusselrasierer aus dem Schnäppchenparadies ihren Lieblingspulli ruiniert. Der hat nämlich nicht nur die Fusseln wegrasiert, sondern auch ein riesengroßes Loch in den Stoff gefräst. An wen sollte sie sich wenden? An das Schnäppchenparadies? Den Hersteller des Pullovers? An den des Fusselrasierers, dessen Name nicht mal auf dem Gerät stand? Barbara K. warf das Gerät schließlich weg und flickte den Pulli selbst.

Garderobenhaken

Ein klassischer Garderobenhaken, der aus einem großen Bogen oben für Mäntel und Schals und zwei kleinen Haken unten für Jacken und leichte Überzieher besteht, sollte aus massivem Edelstahl und aus einem Teil gegossen sein. Aluminium ist keine Alternative, da dieses Metall sehr dünn und weich ist und früher oder später unter dem Gewicht von Jacken und Mänteln in die Knie geht. Auch Holzhaken, die in der Regel in ein Brett gesteckt und verleimt werden, sind auf Dauer nicht stabil genug. Und Plastik? In der Ausstellungshalle eines großen Baumarkts habe ich mal eine Leiste mit fünf Garderobenhaken aus Plastik gesehen. Drei davon waren abgebrochen.

Haushaltsscheren

Meine Haushaltsschere war bei Renovierungsarbeiten in einen Farbeimer gefallen und somit unbrauchbar geworden. Nach einem erfolglosen Versuch, sie wieder sauber zu kriegen, suchte ich ein alteingesessenes Eisenwarenfachgeschäft um die Ecke auf, um eine neue zu kaufen. Den Laden gibt es seit über fünfzig Jahren, er ist eher zweckmäßig als schön und eher unterkühlt als gemütlich, dafür hat er alles, was das qualitätsbewusste Herz begehrt. Werkzeug, Leitern, Briefkästen, Sicherheitsschlösser, Schlüssel, Glühbirnen, einzelne Schrauben, Nägel und Batterien, einfach alles. Es war nicht wirklich viel los, trotzdem musste ich ein bisschen warten, ehe der Chef nach vorne kam.

»Haben Sie Haushaltsscheren?«, fragte ich den großen Mann mit dem silbergrauen Igelschnitt.

Er verzog keine Miene. »Da hamm tu' ick schon welche.«

»Schön.«

»Aber die kann ick Ihnen nich' verkoofen.«

Damit hatte ich nicht gerechnet. »Wieso nicht?«

»Weil se nich' jut sind.«

»Nein?«

»Ne jute Schere kost' mindestens 30, 40 Euro«, sagte er und zog seine rechte Augenbraue hoch, die noch buschiger war als die linke.

»Haben Sie eine gute da?«

»Nee.«

»Wieso nicht?«

»Weil mir die bei dem Preis hier doch jar keena abkooft.« Er lächelte ob dieser Logik.

»Verstehe ich Sie richtig, die Scheren, die sie haben, verkaufen Sie nicht, und die, die sie verkaufen würden, haben Sie nicht?«

»Jenau.«

»Und was mache ich jetzt?«

»In janz Berlin jibt et noch jenau zwee Läden, in denen

Se jute Scheren kriejen. Der eene is in der Karl-Marx-Straße in Neukölln.«

»Und der andere?«

»Hat letzten Monat zujemacht.«

Immobilien

Wer beim Kauf einer Immobilie darauf hofft, sie irgendwann mit Gewinn weiterzuverkaufen, sollte kein Schnäppchen im Randbezirk erwerben, sondern nur ein Objekt in einer begehrten Toplage. Es gibt drei Kriterien für eine gute Immobilie: Lage, Lage und Lage.

Körperwaagen

Egal, ob man eine teure hat, die auch das Körperfett, den Muskelanteil und die Knochenmasse anzeigen kann, oder eine einfache mit Scheibenanzeige – Körperwaagen geben *immer* zu viele Kilos an.

Mischbatterien

 Einhandmischbatterien sind teurer, aber auch wesentlich einfacher zu bedienen als Zweihandmischbatte-
rien. Während die eine Hand Wassermenge und -temperatur am Griff reguliert, prüft die andere beides unter dem laufenden Strahl.

Aber selbst eine Zweihandmischbatterie ist immer noch besser als alles, was man in englischen Badezimmern findet. Dort sind die Hähne für kaltes und warmes Wasser oft maximal voneinander entfernt angebracht, so dass man links immer nur einen kalten, rechts immer nur einen heißen, nie aber einen gemeinsamen, warmen Wasserstrahl bekommt.

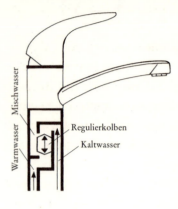

Der höhere Preis einer Einhandmischbatterie wird durch ihr relativ kompliziertes Innenleben gerechtfertigt. Deswegen sollte man auch nie das günstigste Modell wählen.

Möbel

Schreiner schimpfen nicht, wenn jemand Billigmöbel im Einrichtungshaus kauft. Sie können ja auch rechnen und wissen, dass sich nicht jedermann einen Schreibtisch aus Birnenholz oder ein Bett aus Eiche leisten kann. Schreiner schimpfen nur über die miese Qualität und die mangelhafte Verarbeitung von Billigmöbeln, die mit schlechten Scharnieren, Winkeln und Verbindungsbeschlägen versehen sind. Denn das sind die Stellen, an denen Möbel meistens kaputtgehen und brechen. Also sollten Scharniere, Winkel und Verbindungsbeschläge solide und belastbar sein.

Nicht nur deshalb sind Massivholzmöbel billigen Furnier- oder Pressspanmöbeln vorzuziehen. Wenn man umzieht, lassen sie sich wesentlich einfacher auseinander- und wieder zusammenmontieren. Man kann sie im auseinandergebauten Zustand gut transportieren, weil sie um Längen stabiler sind. Ganz abgesehen davon, dass auch im Möbelhaus gute Ware teuer ist.

Der Schreiner kann auf individuelle Wünsche sowie auf bauliche Anforderungen der Räume eingehen. Da muss sich das Möbelstück dem Zimmer anpassen und nicht umgekehrt.

Auch beim Holz gibt es große Unterschiede. Weiche Hölzer wie Kiefer oder Fichte sind zwar günstiger als die meisten Harthölzer (allenfalls mit Ausnahme der Buche). Für den Möbelbau sind sie aber auch weniger geeignet. Widerstandsfähiger und langlebiger sind Harthölzer wie Ahorn, Buche, Eiche oder Esche. Teak und Ebenholz kommen nicht in Frage, da sie aus dem Urwald stammen und auch da bleiben sollten. Die Härte von Holz bemisst sich nach der *Darrdichte*. Liegt die Rohdichte vollständig trockenen Holzes bei mindestens 0,55 g/cm³, so spricht man von Hartholz (siehe auch → Brennholz).

Müllbeutel

Dicke Müllbeutel sparen viel Zeit und Nerven. Denn sie reißen nicht. Nicht, wenn man sie aus dem → Mülleimer zieht. Nicht im Flur, nicht im Treppenhaus und nicht im Hof, wenn man sie in die Mülltonne werfen will.

Müllbeutel, denen ein dünne Schnur beiliegt, mit der man den Beutel zuschnüren soll, stellen keine Alternative zu festen Griffen dar. Die Schnüre sind nicht selten zu kurz und lassen sich sehr schwer verknoten, rutschen ständig ab und halten so gut wie nie. Dabei ist die Idee ja nicht schlecht. Man kann sich vorstellen, wie irgendein kluger Mitarbeiter die Idee für den Faden hat, sie seinem Chef präsentiert, der begeistert ist, das Ding in die Planungsabteilung geht, wo schließlich ein Controller bescheidet, dass der Faden aus Kostengründen nicht länger als drei Zentimeter sein darf. Mit dem Ergebnis müssen wir uns jetzt herumschlagen.

Mülleimer

Spitze Gegenstände wie Nägel oder Schrauben, die Haltegriffe oder Henkel fixieren, haben im Mülleimerinnenraum nichts zu suchen. Denn deren Folge ist, dass volle → Mülltüten aufreißen, wenn man sie aus dem Mülleimer herausziehen will, was meist eine riesige Schweinerei zur Folge hat.

Putzeimer

Ein guter Putzeimer muss viel Wasser fassen können, haltbar sein und darf auf keinen Fall im vollen Zustand umkippen, auch nicht, wenn man beim Bodenwischen aus Versehen dagegentritt. Davor sind ovale Eimer besser geschützt. Deswegen sollten Sie auch darauf achten, dass der Eimer möglichst dickwandig ist. Dünnes Plastik wird beim Kontakt mit heißem Putzwasser weich und instabil. Achten Sie außerdem auf stabile Henkel, die nicht ausreißen können.

Schaufeln und Besen

Wollmäuse, Staub und Bodenabfälle lassen sich am besten mit einer Schaufel aus Metall aufkehren. Metall ist langlebig, verbiegt und bricht nicht.

Schwarzarbeiter

Wer Schwarzarbeiter beschäftigt, um Geld zu sparen, betrügt das Finanzamt, trägt zur Vernichtung von Handwerk und Arbeitsplätzen bei und schädigt so die Gemeinschaft. So viel zu Gutmenschentum und sozialem Gewissen.

Dass man mit Hilfe von Schwarzarbeitern aber auch sich selbst einen großen Schaden zufügen kann, musste Joachim »Jockel« F. erleben. Der promovierte Jurist aus Waiblingen war nach Dresden gezogen, wo er eine Stelle bei einem überregionalen Unternehmen der Abfallwirtschaft angenommen hatte. Nach ein paar Wochen im Hotel fand er durch Vermittlung eines Maklers eine Wohnung. Diese war schön, groß, hell und hatte burgunderrot gestrichene Fußböden. So was hatte Jockel noch nie gesehen. »Das ist Ochsenblut«, erklärte der Makler und gab ihm die Adresse eines Polen, der solche Böden abschleift und neu lackiert. Der Pole hieß Jerzy und war ein freundlicher Kerl. Er erklärte, für die Böden fünf Tage zu brauchen. Als er einen Preis nannte, für den ein Handwerker in Schwaben nicht mal ans Telefon geht, schlug Jockel ein. Am ersten Abend kam er kurz vorbei, um sich zu vergewissern, dass alles klappte. Jerzy arbeitete gut, schnell und zuverlässig. Sie tranken ein Bier zusammen und Jerzy lud Jockel ein, ihn im nächsten Sommer in seinem Häuschen in Masuren zu besuchen.

Als Jerzy am zweiten Tag im Badezimmer seine Arbeitsgeräte reinigte, merkte er nicht, dass die Armaturen in der Küche mit denen im Bad verbunden und nicht abgedreht waren. Also lief auch dort das Wasser.

Und lief.
Und lief.
Und lief.

Als Jerzy es endlich bemerkte, regnete es in der darunterliegenden Wohnung längst von der Decke.

Hätte Joachim K. einen qualifizierten Handwerker mit Gewerbeschein, Rechnungsanschrift und Versicherungsschutz beauftragt, hätte er nur *eine* Wohnungsrenovierung bezahlen müssen.

Sicherheitsnadeln

Das entscheidende Wort ist *sicher*. Gute Sicherheitsnadeln sind fest und sicher. Zu dünne und kleine Sicherheitsnadelimitationen, mit denen Etiketten in Hemden befestigt sind, stellen keinen adäquaten Ersatz dar.

Spannbetttücher

Alles, was dünn ist, aber stark beansprucht wird, geht früher oder später kaputt.

Ein Spannbetttuch ist durch nächtliches Hin- und Herwälzen und -rollen und Lieben höchstem Druck ausgesetzt. Es darf also nicht zu dünn sein, sonst tauchen bald viele kleine Löcher im Stoff auf. Dass es zu dünn ist, erkennt man daran, dass es »Schatten« wirft, also schwarze Linien und Striche im Stoff zu sehen sind und im Extremfall sogar schon die Matratze durchschimmert. Spannbetttücher aus reiner Baumwolle sind zwar blickdicht, aber viel zu hart und starr. Angenehmer erholt es sich auf Satin, am weichsten auf Mako Satin.

Schuhabstreifer

Ein guter Schuhabstreifer schützt den → Fußbodenbelag. Er muss extrem strapazierfähig und dick genug sein, um viel Schmutz, Rollsplitt und Wasser aufnehmen zu können, insbesondere im Winter. Aus diesem Grund ist ein gutes Exemplar nicht aus Stoffresten zusammengewebt, sondern besteht aus dickem, festem Material wie Kokos oder Polypropylen.

Studentenzimmer

Liebe Erstsemester, ein Zimmer im Studentenwohnheim bietet alles, was Ihr für ein erfolgreiches Studium braucht: Bett, Matratze, Schreibtisch, Regal, Küchenzeile, Kühlschrank, Dusche, Waschbecken, Klo. Und das alles zu einem vergleichsweise günstigen Preis. Dennoch solltet Ihr Euch ein teureres WG-Zimmer suchen. Während ein Zimmer im Wohnheim Euch nur dabei hilft, Euch auf das Examen und idealerweise auf den Beruf vorzubereiten, bereitet das WG-Zimmer noch dazu auf das (Familien-)Leben selbst vor. Es schützt vor Vereinsamung und Panikattacken (gilt nicht in der vorlesungsfreien Zeit). Es lehrt soziales Verhalten, eigene und fremde Grenzen zu erkennen und zu akzeptieren, bietet kostenloses Konflikttraining und zeigt, wie es sich anfühlt, irgendwo ein- und zwei Tage später wieder auszuziehen. Weil Letzteres häufiger vorkommt, als Ihr denkt, lernt Ihr außerdem die unterschiedlichen Qualitäten von → Wandfarbe kennen. Ihr begreift, wie nützlich es sein kann, Pläne fürs Kochen, Spülen und Badputzen zu erstellen. Und wie wütend man wird, wenn sich andere nicht daran halten. Ihr lernt zu lieben und abgrundtief zu hassen. Früher oder später führt das Leben in einer Wohngemeinschaft dazu, dass Ihr alleine wohnen wollt. Aber dann nicht mehr auf sechs Quadratmetern wie im Studentenwohnheim.

Vorhängeschlösser

Zehn Jahre lang behauptete Kay, er werde demnächst umziehen, da seine Wohnung zu laut, zu ungemütlich und viel zu kalt sei. Aber erst als Katja in das Leben des gebürtigen Kölners trat, war es so weit. Die beiden fanden ein gemütliches Apartment in Prenzlauer Berg. Alles, was nicht dringend gebraucht wurde, wurde beim Umzug erst mal in den Keller gestellt. Doch nach zwei Wochen erlebten sie eine böse Überraschung: Der Keller war aufgebrochen und Kays Golfausrüstung, die er erst vor einem halben Jahr gekauft hatte, gestohlen worden. Kay hatte sich einfach keine Gedanken über die Qualität des Vorhängeschlosses gemacht, das sie vom Vormieter übernommen hatten.

Hinter dem Polizisten des Einbruchsdezernats, der den Fall aufnahm, hing eine Karte Berlins, in der aberhunderte kleiner Nadeln steckten. Allesamt Kellereinbrüche. Große Hoffnungen machte er Kay nicht, die Golfsachen zurückzubekommen.

Wenige Tage später entdeckte Kay bei eBay eine Tasche, die seiner zum Verwechseln ähnlich sah. Allerdings ohne Schläger. Der Anbieter wohnte in Weißensee, keine fünf Kilometer entfernt. Sollte das wirklich seine Tasche sein? Ein Freund bot darauf und erhielt den Zuschlag.

Wenig später standen die beiden einem bleichen Verkäufer gegenüber, der behauptete, die Tasche von einem Freund bekommen zu haben. Entweder der Kerl war unfassbar gerissen oder unfassbar dumm. Kay kaufte sie und ging zur Polizei.

Die fand im Keller weiteres Diebesgut und Kays Golfschläger. Der Hehler wurde dem Richter vorgeführt, die Ausrüstung behielt man zur Beweisaufnahme aber vorübergehend ein.

Et hätt noch immer joot jejange, dachte sich Kay, als er zwei Monate später seine Habseligkeiten zurückbekam, und dass ihm mit einem richtig guten Vorhängeschloss das alles nicht passiert wäre.

Aber dann hätte er auch eine Geschichte weniger zu erzählen gehabt.

Wandfarbe

Mit dem Streichen einer Wand will man so wenig Zeit wie möglich verbringen. Besonders, wenn man aus einer → Immobilie oder einem → Studentenzimmer aus- (und nicht ein)zieht. Wandfarbe gibt es in sehr vielen verschiedenen Preisstufen. Es ist immer ratsam, eine höhere zu wählen. Denn nur gute Farbe lässt sich gut verarbeiten und deckt schon beim ersten Anstrich. Wenn die Farbe noch nass ist, sieht zwar jede einmal gestrichene Wand weiß aus, doch erst in getrocknetem Zustand zeigt sich, ob sie auch richtig deckt. Wie oft schon waren Flecken, Schatten und Spritzer, die man überstrichen hatte, am nächsten Morgen wieder da? Der Grund für den Qualitätskauf ist also so simpel wie einleuchtend: Gute Wandfarbe erspart einem, erneut streichen zu müssen.

Wärmflaschen

Die klassische Wärmflasche gibt es aus einfachem Gummi und aus solchem, der mit einem weichen, hautfreundlichen Stoff überzogen ist. Diese ist in jedem Fall vorzuziehen, da sie sich auf der Haut wesentlich angenehmer anfühlt als nacktes, heißes Gummi. Am angenehmsten fühlen sich mit Kirschkernen oder ähnlichen Naturprodukten gefüllte Kissen an. Zu ihrer Benutzung bedarf es allerdings eines Backofens oder einer Mikrowelle, was ja auch nicht jeder hat.

Familie & Kinder

Babyflaschen

Der Sauger einer Babyflasche muss aus Naturkautschuk oder Silikon sein. Er sollte eine orthodontische Form – d. h. ein abgeflachtes Unterteil und eine gewölbte Oberseite – haben, die dem Mundinnenraum angepasst ist und Missbildungen verhindert. Wie haben es die Eltern der heutigen Babys nur geschafft, erwachsen zu werden? Als sie selbst noch Babys waren, wusste man all das ja noch nicht.

Billiges, lärmendes, nervenzehrendes Plastikspielzeug

Es gibt Länder, in denen Eltern verrückt sind nach billigem und nervenzehrendem Plastikspielzeug. Weshalb sie ihre Kinder mit klingelnden Feuerwehrautos, jaulenden Weltraum-Schwertern und kreischenden Father-Christmas-Schlitten überhäufen. Eigentlich müssten diese Kinder nachhaltige Schäden davontragen und für ein normales Leben nicht mehr zu gebrauchen sein. Aber entgegen allen Erwartungen wachsen sie zu Erwachsenen heran, die das Leben genauso meistern wie die, die immer nur mit pädagogisch wertvollem → Spielzeug versorgt wurden. Abgesehen von der Macke, dass sie ihren Kindern auch wieder billiges, lärmendes, nervenzehrendes Plastikspielzeug schenken.

Drogen

Egal, ob man Drogen wegen familiärer Probleme, aus Lust, Frust, Sucht oder zur Leistungssteigerung nimmt: Aus gesundheitlichen Gründen sollte man stets darauf achten, nur qualitativ gute Ware zu konsumieren. Gute Drogen sind sauber. Die meisten Drogentoten sterben nämlich nicht an den Drogen selbst, sondern daran, dass diese billig, gestreckt, verunreinigt oder vergiftet waren.

Futternäpfe

Nur wenn ein Futternapf aus Edelstahl ist, lässt er sich gründlich von Tierfutterresten reinigen. Dann kann er auch nicht brechen, vergilben oder zerbissen werden.

Hunde

Im Gegensatz zu → Immobilien, → Kinderfahrrädern und → Schweizer Armbanduhren haben Hunde nur einen geringen Wiederverkaufswert. Kampfhunde meist gar keinen. Spezielle Hilfsorganisationen kümmern sich um die Vermittlung solcher Tiere, die von ihren Besitzern wegen Aggressivität, Überforderung oder schierer Hässlichkeit abgegeben oder ausgesetzt wurden. Ein guter Hund ist ein Hund, der auch von anderen Menschen gemocht wird und vice versa.

Kinder

Es ist nicht nachgewiesen, dass Kinder, für deren Entstehung die Eltern ein paar tausend Euro an Fertilisationsmediziner bezahlen, besser sind als solche, die auf natürlichem Wege (also quasi kostenlos) gezeugt wurden. Was vorschnelle Eltern manchmal nicht bedenken, ist, dass man weder die einen noch die anderen umtauschen kann.

Kinderarbeit

Kinder sind süß, liebenswert, schön, lebendig, geistreich, klug, lustig, das größte Geschenk, die Zukunft, sagen die Wahrheit, haben einen Schutzengel.

Sie sind aber auch klein, flink, gehorsam und billig, weshalb sie leider weltweit zur Arbeit herangezogen werden. Wer das nicht unterstützen möchte, erwerbe nur Produkte, die als frei von Kinderarbeit zertifiziert und deshalb auch meist etwas teurer sind. Einige dieser Zertifikate heißen *Xertifix* (Natursteine), *Hand in Hand* (landwirtschaftliche Produkte) oder *Step*, *Rugmark* und *Goodweave* (alle für Teppiche).

Tätigkeiten, bei denen es zu Kinderarbeit kommen kann, sind:

- Anbau, Ernte und Weiterverarbeitung von Blumen, Bananen, Baumwolle, Gewürzen, Kaffee, Kakao, Orangensaft, Reis, Schokolade, Süßigkeiten, Tee, tropischen Früchten, Zuckerrohr
- Spinnen, Färben, Nähen und Verpacken von Seide
- Gewinnung von Holz, Gesteinsmehl und Kautschuk zur Herstellung von Bleistiften und Radiergummis

- Schneiden und Schleifen von Diamanten, Edelsteinen und Strass
- Fertigung von Feuerwerkskörpern
- Nähen von Fuß- und anderen Bällen
- Gewinnung von Coltan für Mobiltelefone
- Rohstoffgewinnung und Fertigung für Kosmetik und Kunstgewerbe
- Arbeit im Steinbruch
- Anbau und Ernte von Tabak
- Teppiche knüpfen und waschen
- Putzen, Gepäck tragen, Kellnern, Kochen, Spülen

Kinderfahrräder

Ein namhafter Hersteller von Kinderfahrrädern wirbt mit dem hohen Wiederverkaufswert seiner Produkte. Aufgrund des schnellen Wachstums von → Kindern sollte man das beim Kauf auf jeden Fall mit bedenken.

Ansonsten gelten die gleichen Merkmale wie bei → Fahrrädern.

Kinderwagen

Ein guter Kinderwagen muss stabil und dennoch leicht sein, schließlich muss man ihn mindestens ein Jahr lang Straßen, Bordsteine, Türstöcke, Fahrstühle, Treppen und nicht fahrende Rolltreppen hoch- und wieder runterschieben. Er sollte schön, aber auch ein bisschen eigenwillig aussehen, sportlich, aber nicht zu sportlich sein und Geschmack und Stil der Eltern beiläufig, aber doch deutlich zum Ausdruck bringen.

Viele Kinderwagen erreichen das nur auf Kosten von Platz, was schlecht für den Menschen ist, um den es eigentlich geht: das Baby. Babys brauchen viel Platz, um sich bewegen zu können. Große Räder sind praktischer als kleine, weil sie auch Strand-, Wald- und Wiesenwege meistern. Außerdem sollte sich der Kinderwagen schnell und kompakt zusammenklappen lassen, wenn man den Strand oder die Wiese fluchtartig verlassen muss, weil es plötzlich zu regnen begonnen hat. Dann ist übrigens auch ein wasserdichter Regenschutz von Vorteil. Ob man sich dabei die Finger einklemmen, quetschen oder prellen kann, sollte man im Fachgeschäft in Ruhe ausprobieren. Wenn dann auch noch die Räder nicht quietschen, hat man einen sehr guten Kinderwagen.

PDE-Hemmer

Sildenafil, *Tadalafil* und *Vardenafil* sind drei verschiedene Substanzen, die das Phosphodiesterase-Enzym daran hindern sollen, cyclisches Guanosinmonophosphat abzubauen, das im Corpus Cavernosum muskelentspannend wirkt. Kurz: PDE-Hemmer sollen Erektionsstörungen beim Mann beheben. Früher hieß das Impotenz, heute nennt man es netterweise *erektile Dysfunktion* – ein Begriff, der im Umfeld des Pharmakonzerns Pfizer erfunden wurde, der 1998 Viagra auf den Markt brachte.

PDE-Hemmer sind wie alle Medikamente verschreibungspflichtig und nur in der Apotheke erhältlich. Sie werden aber auch gefälscht. Ein Kilo Viagra kostet auf dem Schwarzmarkt angeblich beinahe doppelt so viel wie ein Kilo Heroin. Mag sein, dass die Schreckensszenarien der gefälschten Pillen nur von der Pharmaindustrie erfunden werden, die um ihre Pfründe fürchten – aber bei etwas so Sensiblem wie Erektionsstörungen sollte man dem Arzt oder Apotheker vertrauen und nicht dem Straßendealer, der Pillen im Hunderterpack vertickt.

In Tests wirken die gängigen Potenzmittel mit *Sildenafil*, *Tadalafil* oder *Vardenafil*, die im Preis stark variieren, alle etwa gleich gut und können »die Chance auf einen befriedigenden Geschlechtsverkehr verdoppeln«, wie das Institut für Qualität und Wirtschaftlichkeit im Gesundheitswesen betont. Wie viele Frauen unbefriedigenden Geschlechtsverkehr haben, obwohl ihre Partner PDE-Hemmer schlucken, ist allerdings nicht bekannt. Noch nicht.

Särge

Onkel Gunther starb im Schlaf (siehe auch → Tod). Viel zu früh und völlig überraschend. Tante Polly war untröstlich. Die beiden hatten dreißig Jahre lang eine erfüllte und harmonische Ehe geführt. Weil sie kinderlos geblieben waren und keine Verwandten in der Nähe lebten, musste Tante Polly alles alleine regeln. Da war sie froh, als eine örtliche Bestattungsunternehmerin anbot, ihr die vielen Ämtergänge und den Papierkram abzunehmen. Dass überhaupt jemand da war, mit dem sie sprechen konnte. Man einigte sich darauf, dass Gunther eingeäschert werden sollte. Irgendwann kam die Bestatterin auf den Sarg zu sprechen. Sie tat das auf eine forsche Art, die Tante Polly nicht gefiel. Die Bestatterin setzte Polly unter Druck, drängte zu einem teuren Sarg und fragte: »Soll das Ganze etwa wie ein Armenbegräbnis aussehen?« Das sollte es natürlich nicht, aber Tante Polly hatte noch keinen Überblick über die Finanzen und wusste nicht, was sie sich überhaupt leisten konnte. Schließlich ließ sie sich zu einem Ulmensarg überreden, der viermal so viel kostete wie das billigste Modell.

Sechs Tage später warteten wir vor der kleinen Aussegnungshalle des kleinen Waldfriedhofs, als drinnen ein heftiger Streit losbrach. Denn Tante Polly hatte entdeckt, dass der Verstorbene nicht in einem teuren Ulmensarg, sondern in einem viel billigeren Kiefernsarg lag, der noch dazu so verkratzt und angeschlagen war, dass es sich nur um ein gebrauchtes Exemplar handeln konnte.

Tot ist tot, könnte man meinen. Aber Tante Polly hatte einen teuren Sarg bezahlt, also wollte sie ihn auch haben. Das war sie Gunther schuldig. Die Bestatterin versuchte zu beschwichtigen und bat um Pietät, das könne man doch alles morgen und in Ruhe besprechen, es müsse sich um eine Verwechslung handeln, die sich bestimmt ganz leicht aufklären lasse. Aber da war sie an die Falsche geraten. Denn Tante Polly pfiff auf Pietät und bestand darauf, dass sofort der teure Sarg herbeigebracht und Gunther umgebettet werde.

Als wir uns eine Stunde später als geplant von Onkel Gunther verabschiedeten, lag er in einem Ulmensarg. Er schien zu lächeln. Bestimmt war er stolz auf seine Polly.

Schnullerketten

Gute Schnullerketten sind höchstens 22 Zentimeter lang und reißfest. Das verhindert Strangulierungen. Vorsicht: Die meisten erstickten Babys und Kleinkinder sind nicht auf mangelnde Qualität von Schnullerketten und Ähnlichem zurückzuführen, sondern auf selbstgebastelte Verlängerungen durch die Eltern.

Schwangerschaftstests

Früher blieb Frauen, wenn ihre Regel ausblieb, ihnen morgens schlecht war und sie ein Ziehen in den Brüsten spürten, nichts anderes übrig, als abzuwarten. Wurde ihr Bauch irgendwann rund, waren sie schwanger, wenn nicht, dann nicht. So viel Zeit hat heute kein Mensch mehr. Wer unbedingt ein → Kind will, will das sofort wissen, und wer auf gar keinen Fall eins will, ebenfalls. Ein Schwangerschaftstest stellt fest, ob sich das Hormon HCG, das der weibliche Körper im Falle einer Schwangerschaft bildet, im Blut oder im Urin befindet. Für gewöhnlich werden diese Tests einzeln verkauft. Im Internet gibt es sie aber auch in Zehner-, Zwanziger- und Sechzigerpackungen. Wer also sehr häufig unsicher ist oder zufällig 59 Frauen kennt, deren Regel ebenfalls ausgeblieben ist, kann sehr günstig wegkommen.

Gerade Frauen, die sich nicht sicher sind, von wem sie schwanger sind, sollten nicht aufs Geld achten. Für sie gibt es teurere Tests, die nicht nur feststellen, *ob* sie schwanger sind, sondern auch, *seit wann*. Die sind auch für Männer interessant, die schwören könnten, dass sie immer ein → Kondom benutzt haben und auch keins gerissen ist. Angeblich sind bis zu zehn Prozent aller Kinder Kuckuckskinder. Angeblich gehen Frauen, die gerade ihren Eisprung haben, häufiger fremd als andere. Angeblich wissen manche Männer nicht, wie sie reagieren würden, wenn ihre Frau sich einem solchen Test verweigerte. Die sollten ihn besser gar nicht erst vorschlagen.

Seitensprung-Agenturen

Anders als Partnervermittlungen, die sich um eine feste Beziehung kümmern, vermitteln Seitensprungagenturen lediglich erotische Begegnungen. Letztere haben den Vorteil, leichter kommunizierbare Ergebnisse zu liefern. Wer am Tag danach gefragt wird, wie es war, kann wesentlich konkretere Antworten geben. *Und, hast du gestern die Liebe gefunden?* ist nun mal schwerer zu beantworten als *Und, hast du gestern Sex gehabt?*

Die Vermittlung amouröser Begegnungen und Seitensprünge kostet eine monatliche Gebühr. Allerdings nur für Männer. Frauen bezahlen für gewöhnlich nichts. Hier haben wir es mit einem akzeptierten Paradox des freien Marktes zu tun: Für ein und dieselbe Leistung muss die eine Gruppe viel mehr Geld bezahlen als die andere.

Spielwaren

Spielwaren mit dem *Spiel-Gut*-Logo haben einen »hohen erzieherischen Wert«. Bei der Masse an schlecht erzogenen Kindern, die es bei uns gibt, scheinen diese aber nicht viele Abnehmer zu finden.

Spielzeugautos

Je detailverliebter und originalgetreuer Spielzeugautos sind, umso schöner sind sie. Und desto teurer. Die aus Metall haben den Vorteil, dass → Kinder sie mit Hilfe eines Steins zu einem Unfallauto umfrisieren können. Plastikautos sehen danach nur nach Schrottpresse aus.

Tod

Umsonst ist nur der Tod, sagt ein Sprichwort, und selbst der kostet das Leben.

Wickeltische

Hoch, breit, sicher, standhaft und gut beleuchtet muss ein Wickeltisch sein. Eine Umrandung soll er haben und keine spitzen Ecken und Kanten. Einige Fachleute sind der Meinung, man sollte sein Baby da wickeln, wo es sowieso keine Ecken und Kanten gibt und von wo es auch nicht herunterfallen kann: auf dem Boden.

Windeln

Markenwindeln sind am teuersten. Und am besten. Sie sind am bequemsten – das ist gut fürs Kind. Und sie laufen am seltensten aus – das ist gut für die Eltern. Bei guten Windeln halten die Klebeverschlüsse über mehrere Stunden. Die Bündchen drücken nirgendwo, sind aber eng genug, dass keine Flüssigkeit nach außen dringen kann. In leichten und dünnen Windeln können die Kinder zudem besser laufen. Wenn Sie Pech haben, wird ihr Kind den Windelgang, den zu dicke und schwere Windeln zur Folge haben, nie mehr los.

Speisen & Getränke

Analogkäse

Food-Designer, Lebensmittelchemiker und Ökotrophologen können einem leidtun. Da gehen sie jahrein, jahraus in große, wahrscheinlich vom Tageslicht abgeschnittene Laboratorien, wo sie den ganzen Tag Atemmasken und Schutzanzüge tragen und mit Chemikalien hantieren müssen, und wenn sie dann nach langem Suchen endlich ein neues Lebensmittel erfunden haben, ernten sie nur Hohn und Spott. Dabei haben sie Höchstleistungen vollbracht. Sie haben zum Beispiel etwas geschaffen, das so schmeckt und aussieht wie Käse, aber keiner ist und in der Herstellung auch nicht so viel kostet. Dafür haben sie Milchfett durch pflanzliche oder andere tierische Fette ersetzt, Wasser, Eiweiß, Stärke und Farbstoffe hinzugegeben und so lange mit Aromastoffen experimentiert, bis das Ganze wie Mozzarella, Gouda, Edamer, Cheddar oder Roquefort schmeckt und mittlerweile in 25 bis 40 Prozent aller Fertigmahlzeiten wie Pizza oder Baguette verwendet wird. Analogkäse findet sich auch auf Käsestangen und überbackenen Käsebrötchen oder in Cordon bleu.

Was ist das Schlimme an Analogkäse? Dass er vorgibt, ein anderes Lebensmittel zu sein. Dass er nicht in der Käserei, sondern im Labor gemacht wird. Dass in ihm Dinge stecken, die ich nicht in meinem Käse haben will. Dass sein Aroma künstlich erzeugt wurde und nicht durch natürliche Reifung. Es gibt kein richtiges Leben mit falschem Käse.

Anchovis

In Südamerika werden Sardellen gefangen, um als Fischmehl in Aquakulturen verfüttert zu werden. In Europa werden sie zu Anchovis verarbeitet. In unseren → Supermärkten gibt es meist nur eine einzige Sorte und in südlichen Ländern zwanzig. Es gibt sie in Dosen und Gläsern, mal kosten sie zwei Euro, mal zwanzig. Und das kommt so: Gute Sardellen reifen mehr als hundert Tage in riesigen Salzfässern, die anderen nur ein paar Wochen. Danach werden sie gewaschen: Die guten dreimal, die anderen einmal. Sie werden filetiert und getrocknet: die guten auf Papier, die anderen in großen Zentrifugen. Deshalb schmecken gute Anchovis fein und nuanciert, die anderen vor allem salzig. Diese guten gibt es im Feinkosthandel, die anderen landen zusammen mit → Kapern auf der Pizza.

Apfelsaft

Große Mengen des Apfelsaftkonzentrats, aus dem unser Apfelsaft gemacht wird, kommen aus China. Da chinesische Äpfel meist nicht sauer genug sind, wird den Apfelfruchtsaftgetränken oft Zitronensäure zugesetzt. Viele Säfte sind zusätzlich mit Fructose und Glucose angereichert. Das ist erlaubt, obwohl das Deutsche Institut für Ernährungsforschung festgestellt hat, dass Mäuse, die Fructose bekamen, an Körperfett und Gewicht zulegten. Es gibt auch keine Obergrenze, wie viel Zucker man zuschütten darf.

Guter Apfelsaft ist frei von solchen Zusätzen. Er stammt aus der Region und gibt auf dem Etikett an, woher das Obst kommt, das in ihm steckt. Am besten ist Direktsaft, in dem nichts drin ist außer Apfelsaft.

Aprikosen

Wie → Pfirsiche auch, kommen mit die besten Aprikosen aus Frankreich, wo Lebensmittel und insbesondere frische und gute Qualität eine viel größere Rolle spielen als bei uns. Die Franzosen geben etwa ein Sechstel ihres Geldes für Lebensmittel aus, viel mehr als die meisten anderen Nationen.

Balsamessig

Je länger der beliebte italienische Traubenmost gereift ist, desto samtiger, intensiver und nachhaltiger schmeckt er. Wie Whiskey verändert er seinen Geschmack nicht mehr, wenn er in die Flasche gefüllt wurde. Leider werden viele Sorten mit Farbstoffen und künstlichen Aromen aufgepeppt. Eingekochter und in Squeeze-Plastikflaschen abgefüllter Essig ist ebenfalls keine Alternative.

Wer also wirklich guten Balsamessig will, sollte im Olivenöl- oder Weinhandel oder im Feinkostgeschäft danach suchen. Es lohnt sich. Guter ist Balsam für den Gaumen *und* die Seele.

Bananen

Die liebste Frucht der Deutschen. Sie wurde besungen, an Hauswände gesprüht und auf Schallplattenhüllen und Satiremagazine gedruckt. Es soll immer noch Wessis geben, die glauben, die Ossis hätten die Mauer nur deshalb zu Fall gebracht, weil sie endlich uneingeschränkten Zugang zu Bananen haben wollten. Es gibt vier verschiedene Arten von Bananen:

Obstbananen	fleischig, süß, aromatisch
Babybananen	kleinwüchsige Form der Obstbanane, besonders süß
Kochbananen	mehlig, stärkereich
Faserbananen	werden zur Fasergewinnung verwandt

Und es gibt über 500 verschiedene Sorten. Die meistverkaufte Sorte hierzulande ist die *Cavendish*, gefolgt von den selteneren *Gros Michel* und *Robusta*. Sie alle schmecken eher mild, da sie erst bei uns zur Vollreife kommen.

Es werden sieben Reifegrade der Obstbanane unterschieden:

1. *Grün*	Farbe bei Verladung
2. *Grün mit leichtem Ansatz von gelb*	Reifungsprozess hat eingesetzt
3. *Mehr grün als gelb*	Richtiger Zeitpunkt für die Auslieferung aus der Reiferei
4. *Mehr gelb als grün*	Richtiger Zeitpunkt für die Auslieferung an den Einzelhandel
5. *Gelb mit grüner Spitze*	Bester Verkaufszustand

6. *Vollgelb* — Bestes Aussehen, guter Geschmack
7. *Gelb mit braunen Punkten* — Vollreife, bestes Aroma, voller Geschmack

Wer nichts gegen braune Bananen hat, kann viele preisreduzierte Schnäppchen machen. Wesentlich angenehmer ist es aber, den vollen Preis zu bezahlen und die Frucht noch einige Tage liegen zu lassen und selbst den Reifegrad zu bestimmen, bei dem man sie verspeist.

Man sollte meinen, das größte Problem für den Einzelhandel seien überreife Bananen. Doch ein Supermarktbesitzer aus Karlsruhe erklärte mir, dass das Schlimmste die Kunden seien, die zwei Bananen wollen, aber keine zwei einzelnen kaufen, sondern immer zwei von einer Staude abreißen, weswegen er am Ende des Tages auf lauter einzelnen Bananen sitzen bleibt.

Bier

»Gutes Bier schmeckt besser« – damit wirbt eine kleine Familienbrauerei im Allgäu für ihren Gerstensaft. In der Provinz gibt es sehr viele sehr gute kleine Brauereien, die fast alle mit sinkendem Bierkonsum und multinationalen Großbrauereien zu kämpfen haben. Dabei schmeckt gutes Bier lokaler Brauereien in der Tat oft sehr viel besser als die großen *Fernsehbiere*, von denen jährlich Millionen von Hektolitern gebraut und billig in die Märkte gepumpt werden.

Bio-Limonade

Dass mittlerweile jedes zweite Produkt irgendein Bio-Siegel trägt, liegt daran, dass die EU-Bio-Verordnung viel großzügiger ist, als Otto Normalverbraucher sich das gemeinhin vorstellt. So sind in Bio-Limonaden durchaus Geschmacksstoffe erlaubt, die künstlich im Labor hergestellt werden – zum Beispiel aus Pilzen und Enzymen. Auf dem Etikett darf trotzdem *natürliche Aromen* stehen. Wer Bio-Limonade möchte, die auf die richtige Art und Weise *bio* ist, sollte darauf achten, dass sie als *frei von Aromastoffen* und *nicht aromatisiert* deklariert ist. Oder sie noch besser selbst herstellen.

Bratwürste

Thüringer Bratwurst, Nürnberger Rostbratwürstel, Berner Kalbsbratwurst, Wiener Burenwurst – Deutschland, Österreich und die Schweiz warten mit vielen verschiedenen Bratwurstarten auf, die sich geschmacklich und inhaltlich stark voneinander unterscheiden.

Eine gute Bratwurst erkennt man daran, dass sie – ähnlich wie ein Hamburger – auch ohne Senf, Ketchup und Brötchen schmeckt. Versuchen Sie das mal mit einer wässrigen Ein-Euro-Wurst. Sie werden erstaunt sein, was für ein armes Würstchen das ist.

Ein guter Bratwurststand reicht die Wurst zudem stets mit einem → Brötchen und nicht mit einer halben Scheibe ungetoasteten Toastbrots. Dieses → Brötchen wiederum sollte keine Aufbackware sein. Kommt man in eine Gegend, die für eine eigene Bratwurst-Variante bekannt ist, frage man einen Einheimischen nach der besten Bratwurst am Platz.

Brot

Brot färbt man nicht. Sagt Bäcker Kempe vom Prenzlauer Berg, der seit Jahrzehnten gutes graues Roggenbrot und leckere Brötchen backt. Seine Bäckerei ist ein Familienbetrieb, der neben dem Stammhaus zwei kleine Verkaufsstellen betreibt und ein paar Berliner Hotels und Restaurants beliefert.

Mitte der 1990er Jahre hatte Kempe mal darüber nachgedacht, zu expandieren. Mehr Abnehmer, mehr Filialen, mehr Geld. Nächtelang hatte er über den Zahlen gesessen, mit seiner Frau überlegt, welche große, effektive, teure Backmaschine sie sich würden leisten können, und mit seinen angestellten Bäckern, ob es sich überhaupt rechnen würde.

Doch die Expansionspläne wurden begraben, als sie ein paar Brotlaibe zu verschiedenen Backfabriken in der Stadt brachten, um sie dort backen zu lassen. Sie wollten herausfinden, welcher Automat der beste ist. Doch das Brot, das sie seit vielen Jahren buken, schmeckte, wenn es aus den Backstraßen kam, einfach nicht so gut wie aus ihrem eigenen Ofen.

Brötchen

Ein gutes Brötchen, das auch Semmel, Wecken, Weckle, Weckli, Bürli, Rundstück oder Schrippe heißt, ist luftig, kompakt und nicht zu fest.

Es verströmt einen aromatischen Geruch nach Mehl und Weizen, schmeckt nach Kruste und warmer Bäckerstube. Dafür wird es etwa 18 Minuten lang im Bäckerofen gebacken.

So etwas kriegt man nicht an der Tankstelle und nicht beim Metzger, nicht im »Backautomaten« im Discounter, nicht im Zehnernetz im → Supermarkt und nicht im Tiefkühlfach – sondern nur beim richtigen Bäcker. Leider gibt es nicht mehr allzu viele, die selbst backen. Das Geschäft dominieren heute Großbäckereien und Filialbetriebe, die ihren Brötchen Backmittel beimengen, die sie in die Breite gehen lassen. Hat ein Geschäft zwanzig und mehr verschiedene Brötchen im Angebot, lässt das ebenfalls auf die Verwendung von Tütenprodukten und Backmischungen schließen. Verdächtig sind auch *Backshops* und andere Anglizismen, oder in Wort und Bild angestrengt zum Ausdruck gebrachte Ursprünglichkeit.

Gute, dem Handwerk verpflichtete Bäckereien heißen oft schlicht nach dem, der hinterm Ofen steht. *Bäckerei Feser, Bäckerei Klemke, Bäckerei Meier.*

Als ich mal an einem Sonntagmorgen in der – sehr guten – Bäckerei Felzl in der Wiener Schottenfeldgasse fragte, ob die Brötchen auch selbst gemacht seien, raufte die Verkäuferin sich die Haare. »So was«, schimpfte sie, »fragen *immer* nur die Deutschen!«

Butter

Geruch, Geschmack, Gefüge, Aussehen, Streichfähigkeit – das sind die fünf Kriterien, nach denen eine Butter in Deutschland bewertet wird. Die meisten Punkte hat in diesem System die *Deutsche Markenbutter*, gefolgt von der *Deutschen Molkereibutter*. Die Milch der *Landbutter* wiederum muss aus einem einzigen Erzeugerbetrieb stammen.

Österreich unterteilt seine Butter in drei Qualitätsstufen:

Güteklasse 1 *Teebutter* oder einfach *Butter*
Güteklasse 2 *Tafelbutter*
Güteklasse 3 *Kochbutter*

Die Schweiz unterscheidet wiederum:

Vorzugsbutter	als Brotaufstrich oder zum Abschmecken
Kalorienverminderte Butter	fettreduzierte Vorzugsbutter
Käsereibutter	für die kalte Küche
Bratbutter	nur zum Braten

Dillhappen

Freunde des verarbeiteten Fisches sollten sich mal die Mühe machen, das Kleingedruckte auf Dillhappen zu lesen. Denn es gibt nicht nur große preisliche Unterschiede, sondern auch inhaltliche. Einige Becher bestehen aus 50 und mehr Prozent Hering, während andere hauptsächlich aus Mayonnaise, Zwiebeln, Gurken und Äpfeln zusammengesetzt sind. Je mehr Hering, desto leckerer.

Döner

Konkurrenz belebt das Geschäft. Den besten Döner gibt es da, wo viele Türken leben. Also in Istanbul. Oder Berlin-Kreuzberg. Am Steindamm in Hamburg-St. Georg. In Münchens Bahnhofsviertel. Oder im 16. Bezirk in Wien.

Dosentomaten

Rezepte für Bolognesesoße gibt es viele. Puristen schneiden das Fleisch selbst klein und nehmen nur frische Tomaten. Der Rest greift zu Hackfleisch und Tomaten aus der Konservendose. Die verkochen ja sowieso, denken viele und nehmen die billigen. Aber das ist ein Fehler, denn in denen wimmelt es von Strünken, Schalen und braunen Stellen, die den Geschmack beeinträchtigen. Kostspieligere Dosentomaten aus Italien sind wesentlich geschmacksintensiver und geben der Soße eine aromatischere Note. Es schüttet ja auch niemand Fusel ins Bœuf Bourgignon, sondern nur guten Burgunder.

Eiscreme

Früher kostete eine Kugel Eis 20 Pfennig. Das sind ungefähr 10 Cent. Heute kostet sie das Zehnfache.

Dafür hat aber auch die Qualität massiv zugenommen. Viele Eisdielen süßen ihre Eiscreme mit Rohrzucker und stellen sie aus frischen Zutaten und manchmal sogar rein organisch her. Da schmeckt Erdbeereis tatsächlich nach Erdbeeren und nicht nach *Erdbeeraroma*, dem Geschmack unserer Kindheit. Die leckeren Sorten Sesam, Kürbis und Himbeer-Basilikum gab es damals auch nicht.

Bei einer guten Diele kann man sich auch sicher sein, dass das Vanilleeis aus echter Vanille gemacht ist. In 40 Prozent aller 2010 getesteten Vanilleeiscremes aus dem Supermarkt befanden sich irgendwelche nicht deklarierten Ersatzstoffe. *Natürliche Aromen* werden künstlich hergestellt, Vanillin etwa aus bei der Papierherstellung anfallenden Abfällen.

Gutes Eis wird aus Milch und Butter gemacht. Immer mehr Großproduzenten stellen jedoch auf Kokos- oder Palmfett um, weil es bis zu 40 Prozent billiger ist. Der Bauernverband beklagte deshalb schon, dass etwa in der Sorte »Erdbeer-Sahne« nur noch ein Prozent Sahne zu finden sei. Wer nicht sicher ist, ob er nun gutes Eis kauft oder nicht, sollte sich die Mühe machen und die Inhaltsstoffe durchlesen. Wem das zu kleingedruckt ist, orientiere sich an der Faustformel, dass *Eiscreme* stets mit Milchfett zubereitet sein muss, während *Eis* höchstwahrscheinlich mit billigem Pflanzenfett hergestellt wurde.

Emmentaler

Oft setzt das Original die Maßstäbe, an denen sich alle anderen messen lassen müssen. Beim Emmentaler kommt es aus der Schweiz und nicht aus Frankreich, Österreich oder dem Allgäu. Dortige Emmentaler haben außer dem Namen meist nichts mit dem berühmten Schweizer Käse gemein. Bei manchen 500-Gramm-Stücken aus dem Kühlregal fragt man sich bisweilen, was das überhaupt noch mit Käse zu tun haben soll.

Schweizer Emmentaler, der auch so heißen muss, wird aus Milch von Kühen gemacht, die nur frisches Gras und Heu von schweizerischen Wiesen, aber kein Silofutter gefressen haben. Reift er mindestens vier Monate, schmeckt er nussig-mild, nach zwölf Monaten hat er einen kräftigen, intensiven, würzigen, leicht rauchigen Geschmack. Kaufen kann man ihn nur im Fachgeschäft oder der Feinkostabteilung.

Erdbeeren

Zur Erdbeersaison gibt es so viel gute, frische, einheimische Ware, dass man unbedingt einen Bogen um importierte Erzeugnisse machen sollte. Dasselbe gilt für Ware, die asaisonal aus fernen Ländern importiert wird. Wer im Frühjahr Appetit auf gute Erdbeeren hat, sollte sich einfach noch ein paar Monate gedulden (siehe auch → Spargel).

Erdbeermarmelade

Die mit Abstand beliebteste Marmeladensorte bekommt man entweder hinterhergeschmissen oder auf dem Silbertablett serviert. Billige Gläser enthalten viel Zucker, Fructose/Glucose als Süßungsmittel und sind oft mit Rote-Bete-Saft gefärbt. Sie schmecken kaum nach Erdbeeren, sondern vor allem nach Zucker und erdrückend schwerer Süße. Zucker ist billig und konserviert gut.

Für den Geschmack ist jedoch der Fruchtanteil ausschlaggebend. Gute Erdbeermarmeladen sind aus 60 und mehr Prozent Erdbeeren gemacht. Ihre Süße bekommen manche von Apfeldicksaft.

Eigentlich müsste man von *Erdbeerkonfitüre* sprechen, denn lebensmittelrechtlich ist der Begriff *Marmelade* eingekochten Zitrusfrüchten meist englischer Herkunft vorbehalten. In der Schweiz spricht man generell von Konfitüren und meint damit Aufstriche, die noch Fruchtstückchen enthalten. Weil man in Österreich und Süddeutschland schon immer Marmelade sagte, lässt die EU hier eine Ausnahme zu. Während man in Austria also überall *Erdbeermarmelade* sagen darf, geht das in Deutschland nur auf dem Bauernmarkt.

Wer nun glaubt, auf deutschen Bauernmärkten walte das pure Marmeladenglück, irrt. Bei Kontrollen kommt das Bayerische Landesamt für Gesundheit und Lebensmittelrecht regelmäßig auf eine Beanstandungsquote von 100 Prozent – weil Sorbinsäure, Zitronensäure und Farbstoffe nicht gekennzeichnet, falsche Bezeichnungen verwendet, Zusatzstoffe nicht kenntlich gemacht, die Menge des Fruchtanteils nicht deklariert, die Begriffe *Bio* und *naturrein* falsch und immer wieder Fantasienamen benutzt werden, z. B. *Elviras Erdbeerkompositiönchen*.

Die EU-Konfitürenverordnung schreibt zudem folgende Frucht- und Obstanteile (pro 100 Gramm) vor:

Konfitüre mind. 35 g
Konfitüre extra mind. 45 g
Gelee einfach Obstsaftanteil mind. 35 Prozent
Gelee extra Obstsaftanteil mind. 45 Prozent
Fruchtaufstrich lebensmitteltechnisch nicht erfasst

Filets

Da Fett in den letzten Jahrzehnten seinen Ruf fast vollständig eingebüßt hat, wurde es Schlachtrindern weitgehend abgezüchtet. Dabei ist Fett ein entscheidender Geschmacksträger. Es verhindert außerdem, dass das Fleisch in der Pfanne austrocknet.

Genauso wichtig ist, dass das Fleisch gut abgehangen ist. Nur dann wird es schön zart und aromatisch. Beim Reifungsprozess schrumpft es (was den Verdienst des Metzgers schmälert), aber es schrumpft nicht in der → Pfanne zusammen. Argentinische Steaks sind unter anderem deswegen so gut, weil ihnen die lange Überfahrt von Südamerika nach

Europa die Zeit gibt, die sie brauchen. Außerdem stehen die Tiere ihr ganzes Leben lang auf der Weide. Das Fleisch von Tieren, die kein Kraftfutter bekommen und deshalb langsamer an Gewicht zulegen, schmeckt kräftiger und verliert beim Garen weniger Wasser.

Steaks und Filets von einheimischem Rind reifen optimal in eigens dafür eingerichteten Lagerräumen, die wenig Lichteinflüssen und Temperaturschwankungen ausgesetzt sind. Gelagert werden sie bei 0,5° C bis maximal 1,5° C und einer konstanten Luftfeuchtigkeit von 76 bis 81 Prozent. Das beste Filet stammt von zweijährigen Bullen, die zwischen 290 und 320 Kilogramm wiegen. Gourmetstücke reifen fünf bis sechs Wochen.

Folgende Rinderrassen geben gutes Fleisch:

- *Black Angus*
- *Simmenthaler*
- *Charolais*
- *Limousin*
- *Aubrac*
- *Wagyu*

Zum Schrumpfungsprozess kommt es übrigens auch, wenn ein Tier vor der Schlachtung Angst hat und Adenosintriphosphat abbaut. ATP ist die Energie in den Zellen, die zu Diphosphat wird und somit verloren geht. Die berühmte Autistin und Tierzuchtprofessorin Temple Grandin aus Texas entwirft Schlachthöfe, in denen die Tiere sich nicht fürchten. Sie werden vor dem Bolzenschuss in eine Haltevorrichtung gespannt, deren Außenwände fest gegen ihre Körper drücken. Was kafkaesk anmutet, beruhigt die Tiere so sehr, dass sie keine Stresshormone mehr ausschütten.

Fleisch

Kommt heraus, dass schlechtes Fleisch umdeklariert und im großen Stil als frisch verkauft wurde, hat man einen Gammelfleisch-Skandal. Dann wird ein Kühlhaus geschlossen, zwei Fleischhändler bringen sich um und für drei Wochen isst kein Mensch mehr Rinderbraten oder → Döner. Aber was passiert eigentlich mit Gammelfleisch, wenn der Trubel sich gelegt hat und die Menschen wieder so viel Fleisch essen wie vorher? Es müssen ja größere Mengen davon existieren als die, mit denen Schindluder getrieben wird. Was ist der korrekte Umgang mit Fleisch, dessen Haltbarkeitsdatum abgelaufen ist? Wird es verbuddelt? Oder weggeworfen? An → Hunde verfüttert? Kommt es in luftdichten Ölfässern unter die Erde?

Hier die verschiedenen Teile des Rinds und ihre Verwendung:

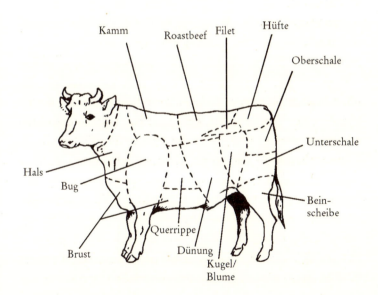

Bei einem *guten Metzger* landet es jedenfalls nicht. Küchenchefs erklären unisono, dass extrem billiges Fleisch, das aus Turbomast stammt und abgepackt in Supermärkten oder auf Vier-Euro-Tellern landet, nicht gut sein *kann*. Wichtig ist, das richtige Stück zu wählen:

Kamm	Sauerbraten, Gulasch
Bug	Sauerbraten, Schmorbraten, Ragout
Brust	Tafelspitz, Kochfleisch
Roastbeef	Rumpsteak, Fondue
Filet	Braten, Filetsteaks, Fondue
Keule (Oberschale, Unterschale und Kugel)	Gulasch, Sauerbraten, Schmorbraten, Rouladen

Fleischsalat

Guten Fleischsalat kauft man beim Metzger seines Vertrauens. Bei Ware aus dem Kühlregal ist auf den Wurstanteil zu achten. Er sollte mindestens 35 Prozent betragen, sonst hat man es nur mit Mayonnaise zu tun. Viele Fleischsalate, die mit schönen *Serviervorschlägen* blenden, enthalten weder Lyoner noch Fleischwurst, sondern nur zusammengerührtes Schinken- und Wurstbrät. Bei guten Herstellern kommt so etwas weder ins Kröpfchen noch ins Töpfchen.

Gin

Gin steht hier exemplarisch für Whiskey, Genever, Grappa, Wodka und viele andere alkoholische Getränke, bei denen das Marken- besser schmeckt als das No-Name-Produkt.

Intensiver, weniger wässrig, nuancierter, facettenreicher, ausgeglichener. Deshalb findet man in guten Bars auch nie Flaschen aus dem Discounter.

Gewürzgurken

Eine knackige, würzige Gurke ist ein Genuss. In Aussehen und Geschmack einzigartig, passt sie zur Brotzeit, veredelt in Amerika den Burger, in Russland den Borschtsch, in Österreich das Herrengulasch – und hilft Schwangeren gar über manche Heißhungerattacke hinweg. Sogar Raucher sollen mit Hilfe von Gewürzgurken schon von der → Zigarette losgekommen sein. Damit sie knackig und würzig sind, darf nur so wenig Zeit wie möglich zwischen der Ernte und dem Abfüllen verstreichen.

Da man den Gurken nicht ansieht, wie lange sie vor dem Abfüllen herumlagen, machen wahre Gurkenfans um die Billigheimer einen großen Bogen. Denn diese sind nur selten knackig, sondern meist weich und lasch und schwimmen in viel zu dünnem, viel zu schwach gewürztem Wasser.

Grana Padano

Echter Grana Padano ist eine denkbare Alternative zu echtem → Parmesan. Er stammt aus den Provinzen Alessandria, Asti, Biella, Cuneo, Novara, Turin, Verbania, Vercelli, Bergamo, Brescia, Como, Cremona, Lecco, Lodi, Mantua (links vom Po), Mailand, Monza, Pavia, Sondrio, Varese, Trento, Padua, Rovigo, Treviso, Venedig, Verona, Vicenza, Bologna (rechts vom Reno), Ferrara, Forlì-Cesena, Piacenza, Ravenna und Rimini. Im Gegensatz zum → Parmesan wird sein Name nie kopiert, um ein minderwertiges Produkt damit zu adeln.

Grüner Veltliner

Bis Anfang der 1990er Jahre spielte Grüner Veltliner in der internationalen Weinszene kaum eine Rolle. Das änderte sich, als nach dem Glykolskandal ein paar österreichische Winzer begannen, auf Qualität in ihren Weingärten und Kellern zu setzen. Das hat sich bezahlt gemacht. Heute zollt die internationale Weinwelt dieser fruchtigen, würzigen und pfeffrigen Traube große Anerkennung. Grüner Veltliner – im Angloamerikanischen auch schlicht *Gruner* oder *Groovy* genannt – aus der Wachau und dem Kamptal ist zwar meistens etwas teurer als anderer, dafür qualitativ aber immer hervorragend.

Kaffee

Kaffee ist nach den Erdölprodukten das zweitwichtigste Handelsgut der Welt. So wie die erdölproduzierenden Staaten die Erdölfördermengen absprechen, gibt es ein Welt-Kaffee-Abkommen, das stabile Preise garantieren soll.

Die *Arabica*-Bohne macht etwa 75 Prozent des weltweiten Kaffees aus. Arabica besticht durch gutes Aroma und einen vollen Geschmack. Sie wächst vornehmlich in Brasilien und Kolumbien, bei gleichbleibend warmem Klima, in Lagen über 1300 Metern Höhe. Steht *100 % Arabica* auf der Packung, ist das ein gutes Zeichen. Wer seine Bohnen in der eigenen → Kaffeemühle mahlt, erkennt die Arabica-Bohne an ihrem gewellten Einschnitt.

Robusta macht etwa 20 Prozent des weltweiten Kaffees aus. Sie stammt aus Afrika und Indonesien, ist weniger aromatisch als Arabica, hat aber doppelt so viel Koffein. Die Robusta-Bohne hat einen geraden Einschnitt in ihrer Mitte.

Hier einige edlere, rarere Arabicas und ihre Herkunftsländer:

Costa Rica	Costa Rica, in Höhenlagen über 1500 m
La Esperanza	Tolima, Kolumbien
Jamaica Blue Montain	Jamaika, Bergland
Kona	Hawaii, von den Hängen des Mauna-Loa-Vulkans

Der teuerste Kaffee der Welt ist *Kopi Luwak* aus Indonesien. Die Kirschen erhalten ihren besonderen Geschmack vom Fleckmusang, einer indonesischen Schleichkatzenart, der die Kirschen frisst und die Kerne in seinem Magen und Darm mit Enzymen fermentiert, ehe er sie wieder ausscheidet. Der daraus gewonnene Kaffee schmeckt milder als herkömmliche Sorten, aber auch etwas erdig und schokoladig. Pro Jahr werden nur wenige hundert Kilogramm davon geröstet. Trotzdem könnte man bei den zahlreichen Händlern, die ihn im Internet anbieten, ohne Probleme 10 000 Kilo bestellen – was einem zu denken geben sollte.

Kalbfleisch

Je heller das Kalbfleisch ist, desto höher ist seine Qualität. Meinen viele. Aber das stimmt nur bedingt – vielmehr lässt die Helligkeit auf eine Fütterung mit Stroh, Milchpulver und Milchnebenprodukten schließen. Und auf Kraftfutter.

Kälber, die auf der Weide grasen und Heu und Gras zu fressen bekommen, geben dunkleres und geschmacklich intensiveres Fleisch.

Immer mehr kleinere Züchter stellen ihre Betriebe auf Mutterkuh-Haltung um. Die ist tierfreundlicher und das Fleisch schmeckt intensiver. Die Kälber bleiben nach der Geburt bei ihren Müttern und werden nur mit Muttermilch, Gras und Heu gefüttert. Ein agrarisches Mutter-Kind-Projekt also.

Kapern

Bei Kapern gibt es nur entweder – oder. Entweder man liebt oder man hasst sie. Aber selbst wer keine Kapern mag, muss zugeben, dass sie zu den Lebensmitteln mit den schönsten Namen zählen: *Nonpareilles*, *Surfines*, *Fines*, *Mifines*, *Capucines*, *Capottes* und *Communes*. Was nach dem französischen Revolutionskalender klingt, bezeichnet, der Reihe nach, die verschiedenen Qualitätsstufen. Je kleiner die eingelegten Blütenknospen des Kapernstrauchs sind, desto feiner, schmackhafter und teurer sind sie. *Nonpareilles* sind also die besten Kapern.

Kartoffeln

Sie haben die Form von Kartoffeln, sie haben die Farbe von Kartoffeln, sie haben die Größe von Kartoffeln, sie heißen wie Kartoffeln; nur schmecken tun sie nicht wie Kartoffeln. Und so viel kosten tun sie auch nicht. Die Rede ist von Kartoffeln aus dem → Supermarkt. Ihr ovales, gelbfleischiges und glattes Aussehen verdanken sie großen Poliermaschinen, in denen sie saubergebürstet wurden. Verkauft werden sie im Plastikbeutel oder im Netz, zwei Aufbewahrungsarten, die ihrer Qualität abträglich sind. Im Plastikbeutel kriegen sie keine Luft und im Netz zu viel Licht, was sie muffig und bitter macht.

Dabei gibt es bei uns so viele so gute und gutschmeckende Arten dieser Knolle, die König Friedrich einst nach Preußen bringen ließ, um seine Untertanen satt zu machen. Sie werden von Bauern und Agrargenossenschaften in Gemüseläden und auf Wochenmärkten verkauft. Mal sind sie kleiner, mal größer, oft krumm und immer auch ein bisschen schmutzig. Sie werden in dunklen, kühlen Kellern gelagert und lose verkauft.

Es gibt auch nicht *die* Einheitskartoffel, die immer gleich respektive gleich fad schmeckt, sondern viele verschiedene Sorten, die zu verschiedenen Speisen gereicht werden: *Adretta*, um viel Soße aufzunehmen, *Atica* für Pellkartoffeln und die *Heideniere* für Kartoffelsalat. In Italien wundern wir uns ja auch nicht darüber, dass es für verschiedene Soßen verschiedene Nudelformen gibt.

Hier einige Tipps zur fachgerechten Kartoffelzubereitung:

Kocheigenschaften	*Sorten (Auswahl)*	*Gerichte*
Festkochend	Bamberger Hörnchen, Heideniere, Linda	Aufläufe, Bratkartoffeln, Kartoffelsalat
Vorwiegend festkochend	Atica, Bintje, Blauer Schwede, Desirée, Hela	Salzkartoffeln, Bratkartoffeln, Pellkartoffeln
Mehlig kochend	Ackersegen, Adretta, Mehlige Mühlviertler, Reichskanzler	Kartoffelbrei

Käse

Man muss wahrlich kein Snob sein, um geschmacksneutrale Käsesorten, die es im Discounter, auf belegten Backshop-Brötchen und Frühstücksbuffets gibt, als eine geschmackliche Beleidigung zu empfinden. Diese Käse sind billig, stammen aus Massenproduktion und schmecken gummiartig und flach. Außerdem: Was haben Farbstoffe in einem Käse zu suchen? Wieso brauchen sie eine künstliche Rinde aus Kunststoff, die zum Verzehr nicht geeignet ist?

Dabei gibt es so viele wunderbare Käsesorten. Man bekommt sie im Käsegeschäft und im Feinkostladen oder direkt beim Erzeuger. Guten Käse erkennt man an der Textur und am Geruch. Kein Käse sollte muffig, ranzig, faulig oder nach ganz etwas anderem riechen.

Hier einige Qualitätsmerkmale:

Hartkäse	Fest bis krustig; nicht trocken; keine Querrisse; edler und würziger Geruch
Edelschimmelkäse	Orangebraune Flecken und Streifen an der Oberfläche; gibt auf Druck leicht nach; weicher und milder Geruch bei Camembert, aromatisch-pikanter bei Brie
Blauschimmelkäse und Rotschmierkäse	Cremig, nicht verfärbt; würziger und intensiver Geruch; nicht stechend oder beißend
Frischkäse	Hell und feucht, nicht wässrig; süßlicher Geruch

Lammfleisch

Von allen Schafen gibt das Milchlamm das zarteste und feinste Fleisch. Es darf zum Zeitpunkt seiner Schlachtung nicht älter als sechs Monate sein und nicht mehr als 22 Kilogramm wiegen. Ohne Kopf.

Bei extrem billigem Lammfleisch handelt es sich meist um Schafsfleisch – oder alten Hammel, dessen Geschmack doch recht unangenehm sein kann.

Traditionell wird Lamm an Ostern gegessen. Am besten schmecken französische Sisteron-Lämmer, die früh im Jahr auf die Weide kommen, wo sie viele würzige Kräuter fressen, was ihrem Fleisch den Stallgeruch austreibt. Einheimische Lämmer schaffen es nur dann auf die Weide, wenn Ostern auf einen späten Termin fällt. 2011 ist so ein Jahr.

Leipziger Allerlei

Nach klassischem überliefertem Rezept gehören ins Leipziger Allerlei Spargel, Karotten, Erbsen, Kohlrabi, Blumenkohl, Morcheln, Butter, Eigelb, Semmelbrösel und Krebsschwänze. Letztere lassen sich nicht durch billigere Hummerbutter, Krebsersatz oder Hummerbrühe ersetzen. Skeptisch sein sollte auch, wer auf das vermeintlich *echte DDR-Rezept* stößt. Das Leipziger Allerlei wurde nämlich Anfang des 19. Jahrhunderts erfunden, die DDR erst 1949.

Limetten

Die allermeisten Limetten landen in Drinks wie Caipirinha und Caipiroshka. Der Stößel presst dann nicht nur ihren Saft, sondern auch all die Pestizide und Insektizide heraus, mit denen sie besprüht wurden. Deshalb sind nur unbehandelte Limetten gute Limetten.

Nudeln

Einigkeit dürfte darüber herrschen, dass die besten Trockennudeln der Welt aus Italien stammen. Und auch, dass es unter italienischen Nudeln riesengroße geschmackliche Unterschiede gibt. Für gute Nudeln muss der Hartweizengrieß, der aus Getreide gemacht wird, von exzellenter Qualität sein. Die kann man leider nicht erkennen, nur schmecken. Die Nudeln sind zudem von der Qualität des Wassers abhängig, in dem sie gekocht werden. Es darf nicht zu weich und nicht zu hart sein, nicht zu viele und nicht zu wenige Mineralien enthalten. Auch das kann man leider nicht erkennen.

Was man erkennen kann, ist ihre Farbe. Sehr gute Nudeln haben eine eher weißliche, beinahe ausgebleichte Farbe. Das Wasser wird den Nudeln langsam, aber stetig entzogen – geschieht das zu schnell, werden sie gelb. Während den meisten Herstellern dafür sechs Stunden reichen, lassen manche ihre Nudeln viermal so lange trocknen.

Die Nudeln erhalten ihre spezielle Form, indem der Teig durch verschiedene Eisen gepresst wird, wie wir das von der Spätzlepresse kennen. Ist dieses Eisen aus Bronze, die nicht so glatt wie Edelstahl ist, bekommen Nudeln *al bronzo* eine leicht raue Oberfläche und können so die Soße besser aufnehmen als glatte. Diese Presseisen haben verschiedene, innerbetriebliche Nummern, die immer auf der Nudelpackung angegeben sind, z. B. *Orecchiette Nr. 91.*

Obst

- Obst kauft man am besten beim → Fachhändler.
- Obst, das in netzumspannten Plastikkörben angeboten wird, hält nie mit der Qualität lose verkauften Obstes beim Fachhändler mit.
- Schlechtes Obst ist geschmacksarm, sauer, matschig, zu weich oder zu hart.
- Obst aus Frankreich ist meist sehr gut. Dort legt man Wert auf Qualität, und nur gute Ware verlässt das Land.
- Auf Großmärkten, wo die meisten Wiederverkäufer einkaufen, werden die verschiedensten Qualitäten angeboten.

Olivenöl

Gutes Olivenöl hat einen leicht bitteren Geschmack, ein frisches grünes Aroma nach unreifen Oliven, Artischocken, frisch gemähtem Gras und einen dezenten scharfen Abgang. Es ist eher dünn- als dickflüssig, kann dunkelgrün, grüngelb, hellgrün, goldgelb sein; es muss nur leuchten.

Natives Olivenöl extra darf nur mit mechanischen Mitteln gewonnen worden sein und höchstens 0,8 Prozent freie Fettsäuren enthalten. Es trägt auch die Bezeichnung *Extra Vergine*. Gutes Olivenöl ist nicht ganz billig.

Leider wird mit Olivenöl sehr viel Schindluder getrieben. Es wird gefälscht, mit verbotenen Weichmachern verunreinigt und falsch deklariert. Minderwertiges Öl aus Griechenland, der Türkei und Nordafrika wird in großen Tankern nach Italien gebracht, dort abgefüllt und anschließend als italienisches Olivenöl verkauft. Es werden sogar Öle, die eigentlich Lampant-Qualität besitzen – also nur als Lampenöl zu gebrauchen sind –, als Extra Vergine angeboten.

Heutzutage wird überhaupt kein Olivenöl mehr verkauft, das nicht Extra Vergine ist. Aber nicht, weil es keine schlechten Öle mehr gibt, sondern weil die Bestimmungen so lax und Kontrollen nur sehr schwer durchführbar sind. Auch werden schlechte Lampantöle oft durch Erhitzung »veredelt«. Durch die Hitze sollen schlechte Aromen beseitigt und Zerfallsprodukte entfernt werden. Echtes Extra-Vergine-Öl darf man jedoch überhaupt nicht erhitzen! Schon Temperaturen von 32° C beschädigen die Olivenfrucht und nehmen ihr jegliche gesundheitlichen und geschmacklichen Qualitäten.

Unter all diesen Praktiken leiden die Hersteller wirklich guter Olivenöle, da Billigöle den Markt zerstören. Gutes Olivenöl herzustellen ist ein komplexes und aufwändiges Handwerk: Die Oliven werden vom Baum geerntet (was schon am Boden liegt, wird aussortiert), sofort nach der Ernte gepresst, in luftdichten Knetmaschinen bei geringen Temperaturen verarbeitet, nicht mit Wasser angereichert, sofort gefiltert und licht- und luftdicht gelagert.

Die Produzenten guter Öle beklagen auch, dass der gepantschte Geschmack der Billigöle von den Kunden zunehmend als der richtige empfunden wird. Was tun?, sprach Zeus. Vielleicht Folgendes:

- Abstand von billigen Supermarktölen nehmen
- Beim Fachhändler kaufen, der sich auskennt
- Vorsichtig sein bei erfunden klingenden Namen: Hinter *Villa Solare*, *Olio Mio* und *Casa Spumante* verbergen

sich meistens Gemische aus verschiedenen Regionen und Ländern.
- An einer Olivenölverkostung teilnehmen
- Auf folgende Angaben achten:
  - die Olivensorte, aus der das Öl gepresst wurde
  - das Erntejahr
  - den Namen des Produzenten

Orangensaft

Orangen in flüssiger Form gibt es in drei Formaten: als Orangensaft, als Orangennektar und als Orangenfruchtsaftgetränk. Die meisten werden aus *Fruchtsaftkonzentrat* hergestellt.

Das ist Saft, dem das Wasser vollständig entzogen wurde. Danach wird er eingefroren, nach Europa verschifft und dort wieder mit Wasser angereichert. Allein Brasilien exportiert 1,25 Millionen Tonnen Orangensaftkonzentrat jährlich.

Im Regal stehen sie so dicht beieinander, dass man sie manchmal kaum auseinanderhalten kann. Dabei sind sie so unterschiedlich – zumindest in Deutschland, dem einzigen Land der Welt, das eine Fruchtsaftverordnung (kurz: *FrSaftV*) hat.

Nach der *FrSaftV* muss ein *Fruchtsaftgetränk* mindestens 6 Prozent Saft enthalten. Der Rest besteht aus Wasser, Zucker und sonstigen Zusatzstoffen. Ein *Nektar*, dem 20 Prozent Zucker zugesetzt werden dürfen, muss aus 50 Prozent und ein *Saft* aus 100 Prozent Saft bestehen. Nur er ist frei von Aroma- und Konservierungsmitteln und Zucker (ein bisschen Zucker darf man ihm auch beimengen, wenn er sonst zu sauer ist).

Der beste und natürlichste Saft, den man abgepackt kaufen kann, ist der *Direktsaft*, der direkt nach der Pressung abgefüllt wird. Noch orangiger ist nur der selbstgepresste. Noch mal zum Mitschreiben:

Saft	als Direktsaft oder aus Saftkonzentrat hat 100 % Fruchtgehalt.
Nektar	hat je nach Obstart einen Fruchtgehalt von 25 % bis 50 % (Orangennektar muss mindestens 50 % haben); es dürfen Zucker, Glucosesirup oder Süßungsmittel sowie natürliche Aromen zugegeben werden.
Fruchtsaftgetränk	hat einen Fruchtgehalt von mindestens 6 %; neben Süßungsmitteln dürfen auch Aromen oder Vitamine zugesetzt werden.

Parmesan

Echter Parmesan kommt aus den italienischen Provinzen Parma, Reggio Emilia, Modena, Bologna bis zur Westseite des Reno und Mantua bis zur Ostseite des Po. Im Gegensatz zu den meisten anderen Hartkäsen wird er nicht gepresst, sondern gekocht. Parmesan wird vor allem in klein- und mittelständisch geprägten Betrieben weitgehend handwerklich hergestellt. Das Käsearoma hängt von der Fütterung der Kühe und der Reifezeit ab. Im Idealfall fressen die Kühe nur Gras und Klee.

Am intensivsten und knorrigsten schmeckt Parmesan, wenn er 24 Monate gereift ist. Reggiano schmeckt aromatischer und intensiver als → Grana Padano.

Überhaupt nicht in Frage kommt der geriebene Parmesan, der in kleinen Plastikbeuteln zu Centbeträgen angeboten wird. Am schlimmsten sind die, die nicht mal im Kühlfach aufbewahrt werden oder Fertiggerichten beiliegen. Deren dunkelgelbe Farbe sieht aus, als habe man Käserinde restverwertet, und sie riechen leicht nach Erbrochenem. Auch Reibekäsegemische, die nur wenig oder gar keinen italienischen Käse enthalten, mit Ei eingedickt sind und angelehnte Fantasienamen wie *Parmella* oder *Parmita* tragen, sind tabu. Dass diese sich nicht auch Parmesan nennen dürfen, ist Resultat eines jahrelangen Rechtsstreits, den die italienischen Produzenten gegen diese Nachahmer führen mussten.

Pesto

Ein Gericht, das es zu Beginn seiner Karriere nur frisch und selbstgemacht gab, dann seinen Siegeszug durch unsere Küchen antrat, um irgendwann nur noch als Fertigsoße aus dem Glas konsumiert zu werden, ist *Pesto Genovese*, kurz Pesto. Legionen junger Menschen gießen es sich Abend für Abend über ihre Nudeln. Es ist billig, macht satt und vermittelt ein wenig italienisches Lebensgefühl. Längst gibt es Aberdutzende von Anbietern.

Liebe Pastafreunde, greift in jedem Fall zum guten und damit auch teureren Glas! Pesto sollte aus mindestens 30 Prozent Basilikum hergestellt sein, außerdem aus Meersalz, Olivenöl und Pinienkernen – nicht aus Pflanzenöl und Cashewkernen. Gute Gläser bekommt man nicht im Drogeriemarkt, sondern beim italienischen Feinkosthändler, in der Feinkostabteilung und manchmal im Bioladen. Seit ein paar Jahren gibt es Pesto auch in Weingeschäften.

Pfeffer

Der einzige Vorteil von gemahlenem Pfeffer gegenüber Pfefferkörnern ist, dass man sich nicht mit einer → Pfeffermühle herumärgern muss. Ansonsten schmeckt er eher mehlig, trocken und fad.

Pfirsiche

Wie → Aprikosen auch kommen mit die besten Pfirsiche aus Frankreich. Dort spielen Lebensmittel und besonders frische und gute Qualität eine viel größere Rolle als bei uns.

Rioja

Cosecha	reift im Stahltank.
Semicrianza	reift mindestens sechs Monate im Fass und sechs in der Flasche.
Crianza	reift mindestens zwei Jahre, davon ein Jahr im Eichenfass.
Reserva	reift mindestens drei Jahre, davon eins im Eichenfass.
Gran Reserva	reift mindestens zwei Jahre im Eichenfass und drei Jahre in der Flasche.

Leider lässt das Alter der Weine nicht unbedingt auf ihre Qualität schließen. Ein fünf Jahre alter Rioja für 1,99 Euro kann gar nicht gut sein. Deshalb sollte man Rioja nur im Fachhandel kaufen, wo man sich kundig beraten lassen kann.

Rote Bete

Auch wenn es viel Zeit kostet und sämtliche Küchengeräte auf ewig einfärbt – selbstgekochte Rote Bete schmeckt tausendmal besser als vorgekochte aus dem Glas oder dem Plastikbeutel.

Safran

Safran wird aus getrockneten Blütennarben des *Crocus sativus* gewonnen. Er färbt Lebensmittel leuchtend gelb, hat einen bittersüßen, rauchigen Geschmack und ist das teuerste Gewürz der Welt. Pro Jahr werden nur rund 300 Tonnen davon geerntet. Safran schreit also geradezu danach, gefälscht zu werden – und tatsächlich wird etwa das Zehn- oder Zwanzigfache verkauft. Safranpulver wird oft mit Kurkuma gestreckt, der gemahlenen Knolle der Kurkuma-Pflanze. Gefälschte Blütenfäden stammen nicht vom Safrankrokus, sondern von der Färberdistel. Angeblich kommen auch eingefärbte Fleischfasern auf den Markt.

Ob man es mit Original oder Fälschung zu tun hat, lässt sich jedoch verhältnismäßig leicht feststellen. Man muss nur etwas Wasser und Natron dazugeben: Verfärbt sich das Wasser gleichmäßig gelb, ist es echter Safran. Wird es trüb und rot, dann nicht. Sollten Sie beim Bummel über einen orientalischen Markt zufällig kein Natron dabeihaben, ist vom Kauf abzuraten. Als Faustregel gilt: Je weniger gelb die Fäden sind, desto höher ist die Qualität. Die Fäden sollen zudem nicht geknickt oder zerdrückt sein und licht- und luftdicht aufbewahrt werden. Letztendlich kann man sich auch am Preis orientieren: Zehn Gramm bester Ware kosten knapp 70 Euro.

Schafskäse

Guter Schafskäse ist *immer* aus Schafsmilch und *nicht* aus Kuhmilch, die gepresst und gesalzen und in eine Packung gesteckt wird, auf der ein Schafhirte abgebildet ist und die einen griechischen Namen trägt, so dass man glatt meinen könnte, es handle sich um Schafskäse.

Schinkenimitat

Gutes Schinkenimitat muss aus *Separatorenfleisch* hergestellt sein. Dies fällt an, wenn die Tiere im Schlachthof zersägt werden. Dann gibt man Stärkegel, Bindegewebe und Wasser hinzu, anschließend wird das Ganze verklebt und gepresst. Zum Einsatz kommt es in Soßen, Salaten und als Pizzabelag, weshalb es in Österreich auch unter dem martialischen Namen »Pizzablock« firmiert. Es auf Speisekarten und Packungsbeilagen als Schinken auszugeben ist verboten, wird aber trotzdem immer wieder gemacht.

Wer richtig gutes Schinkenimitat sucht, sollte auf Begriffe wie *Kochpökelfleischimitat* oder *Pizzabelag nach Art einer groben Brühwurst aus Schweinefleisch* Ausschau halten. Man erkennt das Imitat an seiner geleeartigen, schnittfesten Konsistenz, in dem kleinste Fleischstückchen zu sehen sind. *Formfleisch-Schinken* besteht dagegen nur aus Fleischstücken aus dem Schinken und der Schulter, die zusammengepresst wurden. Diese Stücke kann man an ihrer unterschiedlichen Größe und ihrer unterschiedlichen Muskelfaserrichtung erkennen. Sehr gutes Schinkenimitat zeichnet sich dadurch aus, dass es sich geschmacklich kaum von echtem Schinken unterscheidet, aber in der Herstellung bis zu 40 Prozent billiger ist.

Schulspeisungen

An vielen Schulen, die Schulspeisung anbieten, wird das tägliche Mittagessen der Kinder danach bemessen, wie billig es ist – und nicht, wie gut. Das ist schlecht. Nicht nur, weil billiges Essen meist nicht so gut schmeckt wie teures. Sondern weil Kinder so fälschlicherweise lernen, gutes Essen hänge vom Preis ab und nicht von der Qualität seiner Zutaten.

Singlepackungen

Nachdem italienische Wassermelonenbauern zunehmend auf ihren bis zu fünf Kilo schweren Kolossen sitzengeblieben waren, brachten sie vor einigen Jahren die Singlemelone auf den Markt. Diese ist kleiner als die herkömmliche und folgt einem Trend, der in → Supermärkten schon lange zu beobachten ist.

Milch, → Kaffee, Zucker, Müsli, Reis, Mehl, → Butter – die meisten Lebensmitteln gibt es in Standardpackungen und Ein-Personen-Größen. Dass all diese halben Portionen nicht etwa halb so viel, sondern zwei Drittel so viel kosten, mag betriebswirtschaftlich begründbar sein, ist für den Pfennigfuchser aber ein Quell ewigen Ärgernisses.

Trotzdem sollte er zugreifen. Denn Standardgrößen können preisbewussten Single-Kunden für Jahre die Küchenregale verstopfen. Überall stehen angebrochene Mehl-, Reis- und Zuckerpackungen herum, die nur darauf warten, von Ungeziefer okkupiert oder beim nächsten Umzug weggeworfen zu werden. Kleinpackungen sind zwar teurer, aber auch praktischer und tragen zu einer abwechslungsreicheren Küche bei.

Vielleicht wäre ein Shopping-Forum die Lösung: eine

→ Homepage im Internet, auf der sich registrierte Singles aus der Nachbarschaft kurzschließen können, um sich Großpackungen zu teilen. Etwa so:

- *Brauche Mehl. Treffpunkt Mittwoch 17:00 vorm Supermarkt Papestraße.*
- *Wer will ein halbes Pfund Kaffee haben?*
- *Suche Pizzagewürzmischung »Adriatico«. Eigener Vorratsbehälter vorhanden.*

Das Portal könnte auch als Partneragentur funktionieren:

- *Du liebst → Olivenöl, hast aber bald keins mehr? Sportlicher Mann, Mitte 40, geht demnächst wieder zu Feinkost Müller. Nur ernst gemeinte Zuschriften.*

Liebe geht schließlich durch den Magen.

Spargel

Zur Spargelsaison gibt es so viel gute, frische, einheimische Ware, dass man unbedingt einen Bogen um importierte Erzeugnisse machen sollte. Dasselbe gilt für Ware, die asaisonal aus fernen Ländern importiert wird. Wer im Februar Appetit auf Spargel bekommt, sollte sich einfach ein paar Monate gedulden (siehe auch → Erdbeeren).

Teebeutel

Seit mein erster Englischlehrer geschwärmt hatte, wie genüsslich und formvollendet in Great Britain die *teatime* zelebriert wird, kamen in meiner Fantasie alle Engländer allnachmittäglich zum Tee zusammen, übergossen edelste Blätter aus Indien oder einer anderen vormaligen Kolonie mit nicht mehr ganz kochendem Wasser, das sie nach einer exakt ausgemessenen Ziehzeit in feinstes englisches Porzellan füllten und mit einem winzigen Tropfen Milch veredelten. Dazu schauten abwechselnd Queen Elizabeth und Margaret Thatcher vorbei.

Für mich brach eine Welt zusammen, als bei meinem ersten Englandbesuch die Gastgeberin lustlos zwei Teebeutel in einen selbstgetöpferten Pott warf, bei dem der Griff abgebrochen war. Die Milch wurde aus dem Tetrapack geschüttet und die Beutel irgendwann mit einer Gabel herausgefischt und ins Waschbecken geworfen. Immerhin hatten die Beutel keine Schnur, das gab es bei uns damals noch nicht. Sollte das heißen, dass Teebeutel gleich Teebeutel und es vollkommen egal ist, ob er 1 Cent kostet oder 0,345 Cent?

Nein. Denn die edlen Beutel enthalten meist mehr Inhalt. Und sie sind in einzelne Papiertäschchen verpackt, was bei den Sorten von Vorteil ist, von denen man nicht täglich mehrere Tassen trinkt und die auch mal den ein oder anderen Umzug mitmachen müssen. Zusammengequetschte Teebeutel, bei denen das Fädchen abgerissen ist, sehen sehr unappetitlich aus. Und dass der Beutel aufriss und der Tee in der Kanne und Tasse schwamm, ist mir bisher auch nur mit billigen passiert.

Teure Arzneitees sind oft in Kunststoffbeutel verschweißt, die über einen sehr langen Zeitraum Aroma- und Feuchtigkeitsschutz bieten. Das ist besonders bei den Tees wichtig, die man nicht trinkt, weil man sie mag, sondern weil man sie trinken *muss*. Kamillentee beispielsweise oder andere medizinische Kräuter.

Trockenobst

Kein Mensch käme auf die Idee, einen Apfel mit Schwefel, Ascorbinsäure oder Zitronensäure einzusprühen, ehe er ihn verspeist. Das gilt auch für Birnen und Bananen, Rosinen und Himbeeren, Kirschen und Erdbeeren, Mangos und Papayas, Ingwer und Großfruchtige Moosbeeren, auch bekannt unter ihrem neuen schicken Namen *Cranberries*. Wieso dann in getrockneter Form?

Bei guten Herstellern werden verfaulte, zerdrückte und anderweitig versehrte Früchte aussortiert, ehe sie in den Trockenofen kommen. Das kostet Zeit. Und Geld. Dafür muss man sie aber auch nicht besprühen. Und dafür weiß man bei übermäßigem Konsum wenigstens, dass der Durchfall von der Frucht kommt und nicht vom E 220, das die braunen Flecken verhindern soll.

Vollkorn

Vollkornbrot ist Geschmackssache. Wer wirklich → Brot oder → Brötchen aus Vollkorn will, sollte die Finger von *Mehrkorn, Kraftkorn, Vollwert, Körnerbroten, Körnerbrötchen* und Ähnlichem lassen – weil diese nämlich nicht aus Vollkornmehl, sondern aus mit Malz gefärbten Auszugsmehlen bestehen.

Das, was obendrauf ist, sind oft auch keine Körner, sondern Ölsaaten.

Wo Vollkorn draufsteht, muss mindestens 90 Prozent Vollkorn oder Vollkornschrot drin sein. In den meisten Bäckereien und Filialbäckereien bekommt man das gar nicht. Dafür muss man schon eine Vollkornbäckerei, einen Bioladen oder ein Reformhaus aufsuchen.

Wein

In einem großen Drogeriemarkt in Hannover wollte unlängst ein Student mit langen Haaren und Baseballmütze eine Flasche Wein, die er ein paar Tage zuvor gekauft hatte, umtauschen. Die Kassiererin, eine erfahrene Frau mit violett gefärbter Frisur, schüttelte den Kopf und brachte das Kunststück fertig, den jungen Mann, obwohl sie unten saß, von oben herab anzusehen. »Sie wollen *was*?«

Der Student hielt ihr seine fast volle Flasche Wein und einen Kassenzettel vors Gesicht: »Der korkt!«

Die Frau schloss die Augen und überlegte, wer aus der Vorstandsetage auf die Schnapsidee gekommen war, neben → Papiertaschentüchern, → Kondomen und Deorollern auch noch Wein zu verkaufen. Und wieso immer sie Dienst haben musste, wenn solche Vögel hier auftauchten. Der Kunde sah nicht aus wie ein Penner. Aber wie ein Connaisseur eben auch nicht. Die Menschen in der Schlange wurden langsam unruhig. Doch die Verkäuferin nahm in aller Ruhe die Flasche entgegen, füllte einen Retourschein aus, bongte den Betrag aus der Kasse, gab dem jungen Genießer 2,48 Euro zurück und sagte schließlich: »Beim nächsten Mal kaufen Sie den aber beim Weinhändler, verstanden!?«

Wiener Schnitzel

Wiener Schnitzel schmeckt nur dann richtig gut, wenn es aus Kalbfleisch gemacht wird und nicht aus Schweinefleisch. Das beste Wiener Schnitzel wird in Butterschmalz rausgebacken (und nicht in der Fritteuse erhitzt). Die Panade aus Ei, Mehl und Semmelbröseln darf nicht am Fleisch kleben, sondern muss das Schnitzel locker und fluffig umschweben.

Wild

1. Wenn sie auf einer Autofahrt ein Wildgehege sehen, handelt es sich immer um Damwild. Rotwild wird auch gezüchtet, aber die Gehege müssen groß und versteckt sein.
2. Gezüchtetes Damwild schmeckt eher wie *Wild light*. Auf Speisekarten wird es aber selten als solches deklariert, sondern oft als *Wildgulasch* oder *Hirschbraten* angeboten.
3. Bei Wild aus der Tiefkühltruhe handelt es sich meistens um Dammwild aus großen Zuchten aus dem Ausland.
4. Echtes Wild stellt gezüchtetes geschmacklich in den Schatten.
5. Das Fleisch eines Rehs, das entspannt auf einer Wiese graste und nicht ahnte, dass es gleich erschossen wird, ist zart und schmeckt nicht so streng – im Gegensatz zu einem, das bei einer Drückjagd von Treibern und Hunden durchs Unterholz getrieben wurde. Das steht so unter Anspannung, dass es sehr viel Adrenalin und andere Stresshormone ausstößt, die die Qualität seines Fleischs beeinflussen. Wenn wir also Bilder von Erich Honecker

und anderen kommunistischen Potentaten betrachten, die nach einem Jagdausflug in der Schorfheide stolz ihre Beute präsentieren, können wir uns damit trösten, dass das Fleisch lange nicht so gut geschmeckt hat wie »sanft« geschossenes.
6. Man muss Wild nicht im Supermarkt kaufen – es gibt in unseren Breitengraden überall Jäger, die froh sind, wenn sie ihr Fleisch loswerden.

Zürcher Geschnetzeltes

Zürcher Geschnetzeltes schmeckt nur dann richtig gut, wenn es aus Kalbfleisch gemacht wird. Nicht aus Schwein oder Pute. Dazu kommen Weißwein, Sahne, Petersilie, Salz und Pfeffer. Dazu passen am besten Rösti oder Spätzle.

Heimwerken & Hobby

Abdeckplanen

Wenn Sie ein leeres Zimmer streichen wollen, sollten Sie zunächst den Boden abdecken, um ihn vor heruntertropfender → Wandfarbe zu schützen. Ist das Zimmer möbliert, müssen zusätzlich → Möbel geschützt werden. Je dicker und damit reißunanfälliger eine Abdeckplane ist, desto mehr kostet sie. Eine teure Plane lässt sich aber auch unkomplizierter auslegen und verkleben und bei guter Behandlung sogar wiederverwenden. Böse Überraschungen wie verschmierte Böden und verklebte Möbel aufgrund einer gerissenen, dünnen Abdeckplane bleiben einem auch erspart.

Akkubohrer

Ein schwacher Akkubohrer kann nicht viel mehr als ein paar → Schrauben in ein leichtes Schränkchen drehen. Ein guter bohrt auch Löcher in die Wand. Deshalb hat er zwei Gänge, die die Kraft optimal übertragen.

Zwei Akkus sind Pflicht, idealerweise Schnellladeakkus, damit man nicht eine Stunde warten muss, ehe man sich an das nächste Loch machen kann. Je höher die Kapazität des Akkus, die in Ampere angegeben wird, desto länger hält dieser.

Da die meisten Heimwerkerunfälle immer noch mit der Bohrmaschine passieren, sollte der Akkubohrer eine *Quickstop*-Funktion haben, also sofort aufhören zu drehen, wenn man den Starter loslässt. Dies sei besonders jüngeren Heimwerkern ans Herz gelegt, denn wie die »Aktion Das Sichere Haus« des Deutschen Kuratoriums für Sicherheit in Heim und Freizeit e.V. unlängst bekanntgab: »Je jünger die Baumarktkunden sind, desto weniger spielt die Sicherheit von Produkten bei der Kaufentscheidung eine Rolle.«

Atemschutzmasken

Michael Jackson und die Asiaten haben die Atemschutzmaske salonfähig gemacht. Wer in Europa sichergehen will, dass seine Maske Schadstoffe optimal filtert, sollte zu einer gemäß der EU-Norm geprüften Partikel-filtrierenden Halbmaske greifen (FFP, *filtering facepiece*). Die drei Schutzstufen, in denen sie erhältlich sind, unterscheiden sich in der Menge von NaCl-Prüfaerosol, das sie zurückhalten können müssen. Das sind:

FFP1	hält mindestens 80 Prozent NaCl-Prüfaerosol zurück; zum Schutz vor groben, gesundheitsgefährdenden Partikeln.
FFP2	hält mindestens 94 Prozent NaCl-Prüfaerosol zurück; mit Ausatemventil zum Schutz vor mindergiftigen Partikeln.
FFP3	hält mindestens 99 Prozent NaCl-Prüfaerosol zurück; mit Ausatemventil zum Schutz vor giftigen Stoffen.

Autoersatzteile

Wer Ärger mit seiner Werkstatt oder den Garantiebestimmungen vermeiden will, sollte grundsätzlich nur Originalersatzteile in sein Auto einbauen lassen. Vor im Internet und anderen zwielichtigen Handelsplätzen angebotenen Ersatzteilen mit Preisnachlässen von 50 und mehr Prozent wird grundsätzlich gewarnt. Es geht schließlich um die Sicherheit des eigenen und fremden Lebens. Bremsklotz ist nicht gleich Bremsklotz.

Leider lässt sich die Qualität von Ersatzteilen nur sehr schwer erkennen. Schon lange fordert der ADAC deshalb »klare Richtlinien zur Kennzeichnung von Originalteilen und qualitativ gleichwertigen Ersatzteilen, um dem Verbraucher eine einfache und zuverlässige Information über die Qualität zu geben«.

Diese Forderung lässt sich auf ausnahmslos alle Bereiche des Lebens erweitern.

Batterien

Da kein Mensch sich die Mühe macht, per Stoppuhr die Lebensdauer von Batterien zu überprüfen, greifen die meisten immer wieder zu den billigen, gern im Zehnerpack. Dabei halten teure Alkaline-Batterien bis zu einem Drittel länger als billigere Zink-Batterien. Und sie sind fast zu 100 Prozent auslaufsicher. Jeder, dem schon mal eine Batterie in der Fernbedienung der → Stereoanlage oder einem → ferngesteuerten Flugzeug ausgelaufen ist, weiß, welche körnigklebrige und auch giftige Sauerei das sein kann, die Augen und Schleimhäute gefährdet. Bei günstigen Zink-Kohle-Batterien handelt es sich dabei um Zink. Bei auslaufsicheren

Alkali-Mangan-Batterien um Quecksilber- und Kadmiumsalze.

Brandmalerei

Haben Speck- und andere Holzbrettchen, Lederartikel und Korkstücke, in die mit Hilfe eines lötkolbenartigen Geräts Texte und Muster gebrannt wurden, nicht etwas zeitlos Schönes? Wer es selbst ausprobieren möchte, sollte eine *Brennstation* nehmen. Im Gegensatz zum günstigeren *Brenngerät*, das direkt an die Steckdose angeschlossen wird und nur eine einzige Einheitstemperatur erreicht, arbeitet die Brennstation mit einem Trafo, mit dem sich die Temperatur regulieren lässt. Das ist sicherer und lässt die Bearbeitung vieler verschiedener Materialien zu. Gut möglich, dass nach Zelten, Grillen, Tischtennis bald die nächste Freizeitbeschäftigung der 1960er und 70er Jahre ihr Revival erleben wird.

CDs

Es ist in Stein gemeißelt, dass man immer erst zuhause feststellt, dass auf der Best-of-CD, die man für fünf Euro im → Supermarkt mitgenommen hat, dieses eine Lied, das man so toll findet und wegen dem man die CD überhaupt nur gekauft hat, *nicht* drauf ist.

Dübel

Man sollte bei Dübeln grundsätzlich immer nur allerbeste Ware nehmen. Von bunten Großpackungen und solchen, die mit Möbeln und Regalen geliefert werden, ist dringend abzuraten. Mit die besten Kunststoffdübel stammen von einem deutschen Unternehmen, das sie sich 1958 patentieren ließ und dessen Gründer knapp 1200 weitere Patente und Gebrauchsmuster angemeldet hat.

Fernsehserien

Deutschland ist bekannt für Autos und Druckmaschinen. Die Schweiz für Schokolade und Bankschließfächer, Österreich für Skifahrer und Handfeuerwaffen. Und die USA für Spielfilme und Fernsehserien.

Viele ganz hervorragende amerikanische Serien wie *Mad Men*, *The Sopranos*, *The Wire*, *Damages*, *Breaking Bad*, *Modern Family*, *My Name is Earl* schaffen es nicht ins deutschsprachige Fernsehen, und wenn, dann nur in einer unterirdisch schlechten Synchronfassung. Will man niveauvolle, gut gemachte, intelligente Fernsehserien haben, muss man sie auf DVD kaufen.

GEZ

Jeder, der über die teure GEZ murrt, sollte einmal die Augen schließen und sich vorstellen, wie es wäre, wenn wir nur noch werbefinanziertes Privatfernsehen hätten. Oder sie offen lassen und einen Blick ins italienische Fernsehen werfen. Unsere → Fernsehserien sind zwar nicht so gut wie die amerikanischen, dafür haben wir wunderbare Reihen wie den *Tatort*, anspruchsvolle Nachrichtensendungen und -magazine, niveauvolle Dokumentationen und sehenswerte Spielfilme auf *arte*, *3sat* und den dritten Programmen. Bei so viel guter Qualität werden sich Bezahlsender in Deutschland wohl niemals durchsetzen.

Gipserbecher

Die Qualität eines Gipserbechers bemisst sich nicht daran, wie gut sich Gips darin anrühren lässt, sondern beim anschließenden Säubern. Je weicher ein Gipserbecher ist, desto einfacher kann man den hart gewordenen Gips aus ihm herausdrücken.

Kopfhörer

Es gibt Unternehmen, die sich in der Herstellung auf einige wenige Produkte konzentrieren, die sie wirklich beherrschen. Bei Kopfhörern sind die Spezialisten immer dem Allrounder, der auch noch → Autos, Klimaanlagen und Waschmaschinen herstellt, vorzuziehen.

In-Ear-Systeme, also Stöpsel, die man ins Ohr steckt, sind schlechter als außen anliegende Kopfhörer. Nicht nur gesundheitstechnisch, sondern auch akustisch, denn bei Stöpseln kann sich der Schall nur in eine Richtung bewegen. Aus demselben Grund sind offene Systeme, die schaumstoffgeschützt auf dem Ohr aufliegen und kleine Löcher haben, geschlossenen Systemen vorzuziehen, die wie Muscheln das ganze Ohr umschließen. Vor zu lautem Hören müssen Sie Ihre Ohren schon selbst schützen.

Lautsprecher

Die Zeiten, in denen junge Männer sich gegenseitig mit den Watt-Zahlen ihrer Lautsprecher zu übertrumpfen versuchten, sind lange vorbei. Heute weiß man, dass der Wirkungsgrad, der in Dezibel gemessen wird, viel wichtiger ist. Je höher der ist, desto reibungsloser wird das eingehende Signal umgewandelt, 90 db sollten es mindestens sein. Bananenstecker haben eine sehr große Kontaktfläche und ermöglichen eine entsprechend gute Übertragung.

Gute Lautsprecher transportieren die Musik klar und deutlich, ohne Scheppern und Klirren, die Höhen und Tiefen sind ausbalanciert, unterscheid- und wahrnehmbar. Sie müssen stabil sein und sollten nicht nach Pappe klingen, wenn man mit dem Knöchel dagegenklopft – eher dumpf und satt wie ein gutes Möbelstück, das sie ja letztlich auch sind. Außerdem werden gute Lautsprecher mit verschiedenen Füßen für verschiedene Böden angeboten. Schließlich schwingt ein Holzregal anders als ein Betonsockel oder ein Teppichboden.

Lenkradüberzüge

Der Mensch unterscheidet sich vom Tier durch seine große Affinität zu Zahlen. Das Kind bekommt ein → Eis, Mama hat zwei → Kochtöpfe, Papa verdient drei sechs. Bei Lenkradüberzügen, die polyzyklische aromatische Kohlenwasserstoffe, kurz PAKs, enthalten, nimmt man in einer Stunde so viel Weichmacher auf wie beim Rauchen von 1100 → Zigaretten. PAKs stehen im Verdacht, Krebs zu erregen. Wer sich nicht sicher ist, ob er einen guten oder einen schlechten Lenkradbezug hat, sollte überprüfen, ob er einen scharfen, stechenden Geruch verströmt, der an Mottenkugeln erinnert. Der ist ein Indiz für zu hohe PAK-Belastung. Das alles werden Sie schon bald wieder vergessen haben. Aber die 1100 Zigaretten – die werden Sie nicht mehr vergessen.

Lüsterklemmen

Lüsterklemmen werden meist einzeln benutzt, aber immer in Streifen mit zehn oder mehr Stück verkauft. Streifen mit guten Lüsterklemmen verbiegen und winden sich, wenn man sie dreht. Bleiben sie starr, sind sie aus zu hartem und billigem Kunststoff, der brechen kann, wenn man das Gewinde zuschraubt.

Schrauben

Ganz normale Schlitz- und Kreuzschlitzschrauben, die gern mit → Möbeln aus dem Möbelhaus geliefert werden, sollte man überhaupt nicht mehr benutzen. Die Köpfe leiern und fransen leicht aus, insbesondere bei der Benutzung von → Akkubohrer.

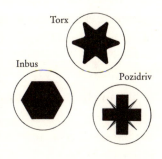

Gute Schrauben haben heute ein Torx-, Inbus- oder mindestens ein Pozidriv-Mitnahmeprofil.

Schraubenschlüssel

Ein guter Schraubenschlüssel hat entgratete Nähte, das heißt, man kann keine Schweiß- oder Gussnähte spüren. Er kann große und kleine Schrauben fest anziehen und lösen. Also muss er aus extrem stabilem Material sein, damit er nicht verbiegt. Weil heutzutage alle Schraubenschlüssel aus Chromvanadium, Molybdän oder Wolfram sind und man als Laie die Unterschiede nicht erkennen kann, sollte man sich vor dem Kauf unbedingt vom Fachhändler beraten lassen (siehe auch → Werkzeugkasten).

Schutzbrillen

Laut Bundesanstalt für Arbeitsschutz kommt es allein in Deutschland zu 300 000 Heimwerkerunfällen jährlich. 84 Prozent der Opfer (die ja immer auch Täter sind) sind männlich, die meisten davon zwischen 35 und 44 Jahre alt. Nicht nur sie sollten mit guten Schutzbrillen arbeiten.

Eine gute Schutzbrille ist eine stabile Korbschutzbrille, die von vorne und von der Seite schützt und dicht am Gesicht anschließt. Sollte tatsächlich mal was ins Auge gehen, ärgern Sie sich ein Leben lang, das billige Produkt gewählt zu haben. Bei einem schlechten → Schraubenschlüssel bleibt immer noch der Nachbar, um mit gutem Werkzeug auszuhelfen. Bei einer schlechten Schutzbrille nur die Hoffnung, dass die Augenarztpraxis noch geöffnet hat.

Schutzhandschuhe

Wer mit Säure, Benzin und Lösungsmitteln hantiert, sollte das nur mit Nitril- oder Butylhandschuhen tun. Nur diese sind säureabweisend und sicher. Abgesehen davon ist es das Beste, man lässt von Flüssigkeiten dieser Art im wahrsten Sinne des Wortes die Finger.

Spachtel

Eine der schönsten Tätigkeiten bei der Renovierung eines Zimmers ist das Zuspachteln der Löcher in Wänden und Böden. Dazu benötigt man einen Spachtel. Ist er zu weich, bist du nicht zu stark, sondern ist der Spachtel zu schlecht. Gute Spachtel sind aus einem rostfreien Metall, meist Edelstahl, das sich zur vorderen Kante hin verjüngt, damit er sich gut anschmiegt, wenn man die Spachtelmasse in die Löcher stopft.

Stereoanlagen

In Zeiten von MP3, YouTube und Myspace mag eine aus mehreren Bausteinen zusammengestellte Stereoanlage anachronistisch erscheinen. Aber Musikliebhaber wissen, dass sich Musik nur auf hochwertiger Audioelektronik gut anhört.

Nur damit klingt Musik nicht verzerrt, zu weich oder zu hart und vor allen Dingen so, wie sie ursprünglich mal produziert wurde.

- Für optimalen Hörgenuss muss die *Kette* einer Stereoanlage – also CD-Spieler, Plattenspieler, Verstärker, Lautsprecher – aufeinander abgestimmt sein. Bei guten Anbietern ist das immer der Fall.
- Eine gute Verarbeitung der Geräte lässt meist auf ein gutes Innenleben schließen. Die Geräte müssen stabil und dürfen auf gar keinen Fall zu leicht sein. Sonst schwingen sie und ihr Umfeld mit.
- Gute Hersteller konzentrieren sich immer auf das Wesentliche. Ihre Geräte sind stets einfach gehalten und lassen sich mit wenigen Knöpfen und Reglern bedienen. Wie bei → Fahrrädern neigt zu viel Technik dazu, anfällig zu sein und schnell kaputtzugehen.

Tacker

Fälschlicherweise wird der Begriff Tacker immer wieder für Hefter und Heftgeräte verwendet (selten umgekehrt). Ein Tacker ist ein Gerät, das Papier, Folien und andere dünne Gegenstände auf einen festen Untergrund nagelt. Während ein Hefter Papierblätter zusammenheftet, indem die Heftklammern auf der Bodenseite umgebogen werden, treibt ein Tacker seine Nadeln gerade ins Material. Ein guter Tacker ist massiv, stabil und aus Metall gefertigt. Plastikteile nutzen sich schneller ab und brechen leichter.

Wasserrohrzangen

Billige Wasserrohrzangen lassen sich nicht richtig arretieren und rutschen durch, wenn man sie anwendet. Im Baumarkt haben Sie noch die Auswahl – wenn Sie später zuhause unter dem Waschbecken liegen, nur das eine Gerät, das sie gekauft haben. Also legen Sie lieber gleich ein paar Euro mehr hin.

Werkzeugkoffer

Werkzeugkoffer, die im → Supermarkt oder an der Tankstelle angeboten oder als Werbegeschenke für ein Zeitschriftenabo dargeboten werden, enthalten 50 und mehr Werkzeuge. Damit kostet das einzelne Werkzeug nicht mehr als einen Euro. Einen Euro! Es muss jedem vollkommen klar sein, dass es für diesen Preis kein gutes Werkzeug geben *kann*!

Zurrgurte

Gute Zurrgurte, mit denen man ein → Fahrrad oder einen → Schreibtischstuhl auf dem Dach eines → Autos festbinden kann, dürfen kein weiches, labbriges Band haben. Nur festes, stabiles Band lässt sich problemlos in den Spannschluss führen und durch ihn hindurchziehen. Fitzelarbeit ist generell schon sehr unerquicklich, die sollte man nicht durch schlechtes Material unnötig verkomplizieren.

Zusatzgarantien für Elektrogeräte

Von Zusatzgarantien für Elektrogeräte rät die Verbraucherzentrale Berlin ab. Nicht nur, weil sie teilweise mehr als die Geräte selbst kosten. Sondern weil die allermeisten Schäden statistisch gesehen innerhalb der gesetzlichen Garantiezeit von zwei Jahren auftreten, in der die Geräte sowieso umgetauscht werden können.

Bad & Hygiene

Abflusssiebe

Ein gutes Abflusssieb ist aus rostfreiem Metall, das im Gegensatz zu Plastik weder bricht noch auf hässliche Art vergilbt. Noch mieser als ein Abflusssieb aus Plastik ist eins aus Plastik, das silberfarben lackiert ist und so tut, als wäre es aus Edelstahl. Erstens sieht es nie aus wie Edelstahl, und zweitens blättert diese Farbe mit der Zeit ab, was das Abflusssieb noch räudiger aussehen lässt als eins aus vergilbtem Plastik.

Automatische Urinalsteuerungen

Automatische Urinalsteuerungen sind wesentlich hygienischer als klassische Spülungen. Sie lösen die Spülung mit Hilfe einer Lichtschranke oder eines Temperaturmessers aus. Von einer automatischen Urinalsteuerung profitieren Besitzer und Benutzer, eine klassische Win-win-Situation also. Der eine hat eine Toilette, die sauberer bleibt und weniger riecht. Und der andere muss keinen Druckknopf mehr drücken. Was er, so wie es auf öffentlichen Toiletten mit klassischer Spülung meist aussieht, sowieso nie tut.

Deodorants

Gehören zu den Dingen, bei denen man mehr bezahlen muss, wenn man nicht möchte, dass sie penetrant nach *Zitrusfrische* oder einer anderen vollsynthetischen Pseudofrucht duften.

Hinweis für pubertierende Leser: Kein Deodorant der Welt kann eine Dusche ersetzen.

Duschbäder

Je mehr ein Duschbad kostet, desto weniger riecht es nach *Zitrusfrische* oder anderen penetranten Duftrichtungen (siehe auch → Deodorants).

Duschschläuche

Duschschläuche sind viel in Bewegung und kommen täglich mit heißem Wasser in Kontakt. Ihre Scharniere und Gewinde dürfen deshalb nicht aus Plastik sein. Wer Qualitätsware erwirbt, erspart sich gerissene und verdrehte Schläuche genauso wie Duschköpfe, die abbrechen oder den Kopf hängen lassen, weil ihr Feststellgewinde ausgeleiert ist.

Duschvorhänge

In manchen Duschen schützt eine Wand aus Glas oder Kunststoff davor, dass Wasser nach außen spritzt. In den meisten Fällen erfüllt diese Funktion aber ein Duschvorhang. Berührt der Körper während des Duschvorgangs diesen Duschvorhang, fühlen sich textile Duschvorhänge (die aus weichem Polyester bestehen, aber dennoch *textil* genannt werden) sehr viel angenehmer an als Vorhänge aus 100 Prozent Plastik. Textile Duschvorhänge kann man außerdem problemlos in der Waschmaschine reinigen.

Epilierer

Da das Epilieren nicht ganz schmerzfrei ist, sollte es so schnell wie möglich vonstatten gehen. Denn die Härchen werden nicht abgeschnitten, sondern mitsamt ihrer Wurzel aus der Haut gerissen. Deshalb haben gute Epilierer vierzig Pinzetten, die sehr viele Härchen in kurzer Zeit schaffen. Gute Epilierer sind zudem akkubetrieben, so dass frau sich zum Epilieren auch in eine Ecke der Wohnung zurückziehen kann, in der es vielleicht keine Steckdose gibt.

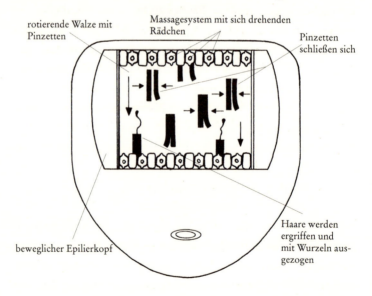

Generika

Zu den wenigen Dingen, bei denen das billigere Produkt wirklich genauso gut ist wie das teure, zählen Medikamente. Arzneimittel, deren Patent abgelaufen ist, werden von anderen Herstellern unter einem anderen Namen und zu einem günstigeren Preis auf den Markt gebracht. Dabei sind sie in der Zusammensetzung und Wirkung identisch. Ob das Präparat, das Sie brauchen, als Generikum angeboten wird, erfahren Sie bei Ihrem Arzt oder Apotheker.

Haarbürsten

Die Kopfhaut ist eine sensible Hautpartie. Sie umspannt eine große Fläche, ist dünn und von vielen feinen Adern durchzogen, die sehr empfindlich auf Hitze, Kälte, Insektenstiche, Regentropfen, Tannennadeln und Ähnliches reagieren. In der Kopfhaut der meisten Menschen befinden sich zudem viele tausend Haarwurzeln. Auf all das nehmen gute Haarbürsten Rücksicht. Sie sind nicht zu hart, haben keine Kanten, Spitzen, Ecken und andere Unebenheiten. Gute Haarbürsten sind aus Naturhaar (siehe auch → Kämme.

Handtücher

Mit → T-Shirts oder → Jeans kann man sich deshalb so schlecht abtrocknen, weil sie nur einen sehr geringen Flor haben. Flor meint die Höhe und Knüpfung der Schlingen des Stoffes. Je dicker der Flor, desto mehr Wasser und andere Flüssigkeiten kann das Handtuch aufnehmen. Je mehr Volumen ein Handtuch hat, desto besser ist es.

Die meisten Handtücher sind aus Frottee, ein Baumwollgewebe, das aus Fäden in Längsrichtung, einem quer laufenden Faden und einer zusätzlich eingenähten Schlinge besteht. Noch weicher und saugfähiger ist *Walk-Frottee*. Werden für ein Handtuch vorgewaschene Garne verwendet, verziehen sich die Borten nach den ersten Waschgängen nicht.

Die unterschiedlichen Stoffqualitäten von Handtüchern bemessen sich an ihrem Gewicht, der sogenannten Grammatur, gemessen in g/m²:

Standardqualität	400 g/m²
Klassische Qualität	450 g/m²
Hotel-Qualität	450 g/m²
Profi-Qualität	500 g/m²
Exklusive Qualität	600 g/m²

Hornhauthobel

Es gibt nicht viele unbeliebte Partien des menschlichen Körpers, die sich so leicht entfernen lassen wie die Hornhaut. Am einfachsten ist dies an den Füßen. Weil man seinen Körper dabei mit einem Messer bearbeitet, sollte man nur einen sehr guten Hornhauthobel verwenden. Dieser hat eine scharfe, rostfreie Klinge, die extrem fest auf dem Klingenhalter arretiert sein muss. Andernfalls kann sie während des Hobelns locker werden und den Fuß verletzen. Eine ruhige Hand ist unbedingte Voraussetzung für die Benutzung eines solchen Gerätes. Wer die nicht hat, sollte immer → Pflaster griffbereit haben.

Kämme

Die Kopfhaut ist eine sensible Hautpartie. Sie umspannt eine große Fläche, ist dünn und von vielen feinen Adern durchzogen, die sehr empfindlich auf Hitze, Kälte, Insektenstiche, Tannennadeln und Ähnliches reagieren. In der Kopfhaut der meisten Menschen befinden sich zudem viele tausend Haarwurzeln. Auf all das nehmen gute Kämme (wie auch → Haarbürsten) Rücksicht. Sie sind nicht zu hart, haben keine Kanten, Ecken und andere Unebenheiten. Gute Kämme sind aus Horn, Holz, Zellulose oder Schildpatt.

Klosteine

Klosteine gehören zu den Dingen, bei denen man mehr bezahlen muss, wenn man nicht möchte, dass sie penetrant nach *Zitrusfrische* oder einer anderen exotischen Pseudofrucht riechen. Wohlgemerkt: Klosteine können regelmäßiges Putzen der Toilette nicht ersetzen.

Kondome

Regelmäßig wollen alle möglichen Tests herausgefunden haben, es gäbe bei Kondomen keine nennenswerten Qualitätsunterschiede. Preisgünstige Gummis würden genauso gut schützen und verhüten wie die teuren. Als ich Ralf davon erzählte, widersprach er heftig: Kondome könne man keineswegs über einen → Kamm scheren, seine Freundin Imke und er hätten Ewigkeiten nach dem richtigen Modell gesucht. Mal waren sie zu klein, mal zu groß, mal zu weit, mal zu eng, die einen waren zu feucht und die nächsten zu trocken. Sogar Clownsköpfe und Teufelshörnchen hätten sie ausprobiert. Nach einem halben Jahr hätten sie endlich die richtigen gefunden, es seien mit Abstand die teuersten auf dem Markt gewesen. Wenig später erfuhr ich von Imke, dass die beiden sich drei Tage danach getrennt hatten.

Krankenkassen

Private Krankenkassen kosten den Patienten mehr Geld als gesetzliche. Das kann sich aber lohnen. Regelmäßig belegen Studien, dass Privatpatienten in Kliniken und Praxen schneller und häufiger von Spezialisten, Chef- und anderen leitenden Ärzten behandelt werden als Kassenpatienten. Es ist ein Paradox des halbfreien Marktes, dass diese bei einem Privatpatienten für ein und dieselbe Behandlungsmethode mehr Honorar berechnen dürfen als beim Kassenpatienten.

Künstliche Hüftgelenke

Immer wieder wird in den Medien über kostengünstige Hüftgelenke berichtet, die, wenige Jahre nachdem sie eingesetzt wurden, brechen. Dabei wissen die allermeisten Patienten sicher gar nicht, dass es bei Hüftgelenken verschiedene Qualitätsstufen gibt, sonst hätten sie von Anfang an darauf bestanden, dass nur allerbeste Ware eingebaut wird.

Medikamente

Ein und dasselbe Medikament kann in einem Land über 100 Prozent teurer sein als in einem anderen. Das verstehe, wer will. Die europaweit höchsten Medikamentenpreise hat die Schweiz. Diese werden vom Schweizer Bundesamt für Gesundheit festgelegt. Aber erst, nachdem die Pharmaunternehmen eigene Preisvorschläge machen durften.

Nagelfeilen

Eine Nagelfeile sollte zwei verschieden stark geraute Seiten haben, eine für den groben ersten Schliff und eine zweite, feinere für die Feinarbeit am Ende.

Sie sollte auch eine gewisse Größe besitzen. Winzige Feilen an Minitaschenmessern sind nicht zu empfehlen. Sie sind zu klein, zu rau, zu ungenau. Da kann man die Nägel ja gleich an einer Streichholzschachtel wetzen. Ganz egal, mit welchem Gerät man sich die Nägel feilt – tabu ist es, das in öffentlichen Verkehrsmitteln zu tun.

Papiertaschentücher

Trockenreißfestigkeit, Nassfestigkeit, Wasseraufnahme, Weichheit, Glattheit der Oberfläche – das sind die Kategorien, in denen die Landesgewerbeanstalt Bayern Papiertaschentücher getestet hat. Dabei bekamen die namhaften Hersteller die besten Noten. Die kosten zwar mehr als die No-Names, sind aber nun mal am reißfestesten, weichsten und glattesten. Erkältete und Allergiker mit einem hohen Tagesverbrauch wissen ein Lied davon zu singen, was raue Papiertaschentücher mit der empfindlichen Haut der Nase anstellen können. Es ist kein schönes Lied.

Auch nicht viel schöner ist das von den Papierfusseln in der Waschmaschine. Deshalb testete die Landesgewerbeanstalt zudem die Beständigkeit beim versehentlichen Waschen. Auch da schnitten die teuren Produkte am besten ab.

Pflaster

Grob lassen sich Pflaster in drei verschiedene Typen unterscheiden: klassische Meterware, einzeln verpackte und sogenannte *sensitive Pflaster*.

Die klassische Meterware ist günstig und klebt gut, manchmal aber auch zu gut. Dann hinterlässt sie dunkle, langlebige Klebeflecken auf der Haut. Liegt sie im Kulturbeutel, wird ihre Klebeseite rasch schmutzig (Schmutz, den man niemals in einem Kulturbeutel vermuten würde), was das Pflaster unbrauchbar macht.

Einzeln verpackte, auf die verschiedenen Einsatzmöglichkeiten zugeschnittene Pflaster sind da geeigneter, beinhalten aber immer auch ein paar undefinierbare Größen und Formen, von denen man beim besten Willen nicht sagen kann, auf welche Art von Wunden man sie kleben soll.

Sensitive Pflaster lassen sich am besten entfernen. Weil sie einzeln verpackt sind, sind sie besonders lange haltbar. Das ist sehr gut.

Allen drei Pflastertypen ist gemein, dass man sie im Schwimmbad nicht neben sich treiben sehen möchte.

Seife

Gehört zu den Dingen, bei denen man mehr bezahlen muss, wenn man nicht möchte, dass sie penetrant nach *Zitrusfrische* oder einer anderen synthetischen Frucht riechen.

Seifenschalen

Es liegt im Wesen der → Seife, mit Wasser in Berührung zu kommen, und in ihrer Natur, sich darin aufzulösen. Liegt sie in einer billigen Seifenschale, schwimmt sie unweigerlich im eigenen Saft. In einer guten Seifenschale liegt sie auf einer mit Löchern oder Spalten versehenen Fläche, durch die das Wasser in eine zweite Auffangschale abfließen kann. Schalen aus Porzellan und Edelstahl schlagen nicht an, verfärben nicht und sind leichter zu reinigen als Kunststoff. Etwas, das sauber machen soll, sollte niemals in etwas Schmutzigem liegen.

Toilettenabdeckungen

Man verbringt zwar nicht so viel Zeit auf der Toilette wie im Bett, Behaglichkeit ist hier aber fast genauso wichtig. Die Toilette eines Skatbruders hat eine viel zu dünne Brille, die unter dem Gewicht eines durchschnittlich schweren Menschen verbiegt. Das ist sehr unbehaglich. Jedes Mal, wenn wir bei ihm spielen, sagen wir: »Kauf dir doch endlich eine gute Toilettenabdeckung!« Eine aus stabilem Holz oder einem Holzkern, der von hochwertigem Kunststoff ummantelt ist. Mit neutral gehaltenem Design, da der Unterhaltungswert von lustigen Aufdrucken oder Imitationen anderer Materialien meist nur von kurzer Dauer ist. Die dämpfenden Noppen unter der Brille und unter dem Deckel sollten keine Hohlkörper aus Plastik, sondern aus solidem Hartgummi sein, der nicht bricht. Ein starkes Exzenterscharnier aus rostfreiem Edelstahl sorgt dafür, dass die Abdeckung nicht abbricht oder der Deckel unnötig hin und her wackelt.

Aber an unserem Skatbruder perlt das alles ab. Wir haben jetzt beschlossen, ihm eine zu Weihnachten zu schenken.

Wäscheständer

Noch so ein lästiger Lebensbegleiter, auf den die meisten gern verzichten würden. Doch wer keinen eigenen Garten für eine Spinne hat, braucht einen Wäscheständer. Ob mit nasser Wäsche behängt oder zusammengeklappt hinterm Schrank – Wäscheständer sind immer im Weg. Fallen sie um, produzieren sie infernalischen Lärm. Mit der Zeit beginnt das Gestell, sich zu verbiegen. Wenigstens dagegen kann man was tun: einen Wäscheständer kaufen, der hochwertige Teile, einen sicheren Gelenkschutz, feste Rutschnoppen und an jeder Seite ein ausklappbares Fußteil hat. Die sind wesentlich standfester und länger haltbar als die x-förmigen Kreuzfüße.

Watte

Gute Watte erkennt man daran, dass sie besonders weich, hautfreundlich und natürlich ist. Dazu muss sie zu 100 Prozent aus Baumwolle sein und nicht aus Viskose. Sie ist außerdem bekömmlicher, weswegen Models, die sich von in Matetee getränkter Watte ernähren, auch ausschließlich zur Baumwolle greifen. Normalsterbliche sollten von dieser Diätmethode die Finger lassen. Es ist nämlich ein Unterschied, ob man dünn bleiben oder es erst werden will.

Wattestäbchen

Auch wenn auf den Verpackungen steht, dass man sie nicht in den Gehörgang einführen darf, dürfte es gerade das sein, was am häufigsten mit Wattestäbchen getan wird. In vielen Gegenden und Familien heißen sie deshalb auch Ohrenstäbchen. Meine Großmutter, die aus dem Sudetenland stammte, hat weder Ohrenstäbchen gesagt noch sich die Ohren damit geputzt. Dafür nahm sie immer → Watte, die sie vorher um ein Streichholz gewickelt hatte.

WC-Reiniger

Gehört zu den Dingen, bei denen man mehr bezahlen muss, wenn man nicht möchte, dass sie penetrant nach *Zitrusfrische* oder einer anderen Pseudofrucht riechen.

Zahnbürsten

Ganz nach Belieben kann man weiche, mittlere und harte Zahnbürsten kaufen, mit extra biegsamem Halsgelenk, Abrutschschutz am Greifsteg, feinen Zwischenzahn-Borsten und allen möglichen Kopfformen und -längen. Das wichtigste aber ist die Beschaffenheit und Haltbarkeit ihrer Borsten. Eine gute Zahnbürste hat abgerundete und stabile Borsten, die nicht wehtun und auch festes Bürsten (das der Zahnarzt zwar verboten hat, das aber trotzdem manchmal nötig ist) aushalten, ohne gleich zu verbiegen. Am kürzesten halten Einmalbürsten, die es im Hotel gibt. Am längsten namhafte Markenprodukte. Regelmäßig wechseln sollte man sie alle.

Unterwegs & Draußen

Autos

Wer keine Klimaanlage braucht und die Fenster gern von Hand auf- und zukurbelt, wem gute Verarbeitung schnuppe ist, wer über lange Bremswege hinwegsieht, keine Pferdestärken braucht, keine Servolenkung und keinen großen Kofferraum, wem das Verhältnis von Anschaffungs- und Unterhaltungskosten egal ist, wer sehr kurze Beine hat, wer auf Fahr- und Sitzkomfort generell keinen Wert legt und bereit ist, ESP und Kopfairbag nur gegen Aufpreis zu bekommen, der sollte sich ein Auto unter 10 000 Euro kaufen. Und wer gerade verdammt knapp bei Kasse ist, auch. Alle anderen nicht.

Bankomaten

Dass für ein und denselben Vorgang mal zwei, mal drei, mal fünf Euro und mal nichts verlangt wird, kann niemandem gefallen. Das Geld, das man für zehn Euro Gebühren abhebt, ist nicht anders als das, das man umsonst bekommt, wenn man zu seiner eigenen Filiale geht. Schlechte Bankomaten, um die Sie daher einen Bogen machen sollten, stehen an ungewöhnlichen Orten wie S-Bahnhöfen, neben Waschsalons oder vor Schwimmbädern und gehören zu Bankhäusern, deren Namen wie ausgedacht klingen.

Einzelhandel

Erst wenn der letzte *local record dealer* keine → CDs mehr in einer Mischung aus bodenloser Unfreundlichkeit und ausgewiesenem Fachwissen verkauft; erst wenn der letzte Comic-Händler in der Seitenstraße der Seitenstraße der Seitenstraße seine Lieblingsheftchen nicht mehr in liebevoll selbst gezimmerten Regalen anbietet; erst wenn der letzte Eisenwarenhändler die → Schrauben und Nägel nicht mehr einzeln in kleine Plastikschalen zählt; erst wenn der letzte Buchhändler sein Sortiment verramscht und zusperrt, werdet ihr merken, dass man Geld, das man beim Einkauf im Einkaufszentrum spart, nicht essen, anhören oder lesen kann!

Fairer Handel

Grundlegende Voraussetzungen für fairen Handel sind: freiwillige Beschäftigung, ein Diskriminierungsverbot, Vereinigungsfreiheit, ausreichender Lohn, keine überlangen Arbeitszeiten und feste Beschäftigungsverhältnisse. Deshalb kosten Produkte, die fair gehandelt werden, meist etwas mehr als die anderen.

Hier sind einige Siegel, die belegen, dass ein Unternehmen am fairen Handel beteiligt ist oder sich dafür einsetzt:

BanaFair • Fairfleurs • FairStone • Fair Trade • FairWear • Flower Label Program • Goodweave • Hand in Hand • Naturland • Rainforest Alliance • Rugmark • Xertifix

Fluggesellschaften

Entscheiden Sie selbst:

Leistung	Premiumcarrier	Billigflieger
Bilaterale Verträge mit anderen Airlines, die die Anerkennung der Flugdokumente sowie den Transport der Passagiere im Falle eines Flugausfalls beinhaltet, was später Airline-intern abgerechnet wird	ja	nein
Check-in am Schalter	kostenfrei	teilweise kostenpflichtig
Extragebühr für bevorzugtes Einsteigen	nein	teilweise
Flughafenmogelpackungen Frankfurt = Hahn München = Memmingen Hamburg = Lübeck Barcelona = Girona	werden nicht angeflogen	werden angeflogen
Freigepäck	ja	meist nicht
Freigetränk auf Inlandsflügen	ja	nein
Homepage überfrachtet mit Zusatzleistungen	nein	ja
Kostenlose Hotline	meistens	nein
Kundenbindungsprogramm	ja	nein
Loungemöglichkeiten am Flughafen	ja	nein
nummerierter Sitzplatz	ja	nicht immer
Preise	transparent	intransparent
Schulungen des Personals	regelmäßig	unregelmäßig

Reinigung	externes Personal	Bordpersonal
Service an Bord	ja	gegen Bezahlung
Sitzabstand	größer	kleiner
Verbindungen auf Langstrecken	ja	nein
Verhalten bei Verspätung/Delay	kümmert sich um Umbuchung, Anschlussflüge etc.	kümmert sich nicht
Versteckte Zusatzkosten	nein	ja
Werbung auf Kopfstützen	nein	ja
Zubringerdienste zu Langstreckenflughäfen	ja	nein

Flughafenbusse

Wer am Flughafen »Franz Josef Strauß« in München landet, nimmt üblicherweise die S-Bahn, um in die Stadt zu kommen. Diese zuckelt mühsam in die Stadt hinein und steht minutenlang an sehr vielen, sehr menschenleeren S-Bahn-Stationen, im Winter auch gern mit offenen Türen. *Nächster Halt: Englschalking. Next Stop: Englschalking.*

Man kann aber auch den Flughafenbus nehmen. Der kostet zwar mehr, ist aber viel bequemer. Der Bus ist nie zu voll, der Fahrer hilft beim Gepäck, schnurrt zügig in die Stadt hinein, kennt im Falle eines Staus mehrere Alternativen, hält nach 30 Minuten kurz am Nordfriedhof, wo er bei Bedarf ein Taxi ruft, und erreicht nach 15 weiteren den Hauptbahnhof.

Gefährliche Orte

An folgenden Orten werden vermehrt gefälschte, nachgeahmte und plagiierte Waren von minderer Qualität verkauft:

*Autobahnparkplätze • Discounter • Flohmärkte •
Internet • Jahrmärkte • Kaffeefahrten • Restverkäufe •
Straßenverkäufe • 99-Cent-Paradiese*

Geld

Geld stinkt bekanntlich nicht. Dennoch sind die meisten Euro-Scheine nach ein bis zwei Jahren so abgenudelt, dass sie aus dem Umlauf genommen und vernichtet werden müssen. Aus dem geschredderten Papier wird dann wieder neues Geld gemacht.

Die Europäische Zentralbank will, dass ab 2012 auf dem Gelddruckmarkt freier Wettbewerb herrscht. Vielen Menschen behagt aber die Vorstellung nicht, dass ihre Banknoten nicht mehr in ihrem Land gedruckt werden, sondern auswärts. So führte 2010 die Ankündigung der Deutschen Bundesbank, Druckaufträge künftig an ausländische Druckereien zu vergeben, zu heftigen Protesten. Dabei spielte es keine Rolle, dass man den Scheinen ihre Herkunft nicht ansieht und sie faktisch exakt gleich viel wert sind. Oder dass die Bundesdruckerei in Berlin, die etwa die Hälfte der deutschen Scheine druckt, ein in Staatsbesitz befindliches, am freien Markt tätiges Wirtschaftsunternehmen ist, das schon Geldscheine für andere Länder gedruckt hat, Estland zum Beispiel. Wer trotzdem nur Scheine aus seinem Heimatland benutzen möchte, kann sich an der Länder-Kennzeichnung orientieren:

Belgien	Z	Griechenland	Y	Deutschland	X
Spanien	V	Frankreich	U	Irland	T
Italien	S	Niederlande	P	Österreich	N
Portugal	M	Finnland	L	Slowenien	H
Slowakei	E	Zypern	G	Malta	F

Luxemburg: Neue, von der Banque Centrale du Luxembourg ausgegebene Banknoten tragen derzeit die Kennziffer der Nationalen Zentralbanken jener Länder, in denen die Banknoten für Luxemburg hergestellt werden.

Ladengeschäfte

Schon viele gute Geschäftsideen sind an der schlechten Lage gescheitert, in der sie umgesetzt wurden. Der schönste Laden mit ungarischem Kunsthandwerk, afrikanischen Lebensmitteln oder verzierten Straußeneiern aus der Uckermark kann auf Dauer keinen Gewinn abwerfen, wenn sich kein Mensch dorthin verirrt.

Mietwagen

Die Wohnung war wunderschön. Sie hatte dreieinhalb Zimmer und einen Westbalkon und lag in einem beliebten Wohn- und Ausgehviertel, nicht weit entfernt von Münchens Innenstadt. Marie und Jonas wussten sofort, *die ist es*. Seit knapp zwei Jahren waren die beiden Endzwanziger ein Paar, nun wollten sie ihrer Liebe ein gemeinsames Zuhause geben. Sie hatten den Zuschlag bekommen, obwohl Jonas noch nicht mal mit seinem Germanistikstudium fertig war und Marie als Referendarin nicht viel verdiente.

Der Vermieter war einfach nett, so was soll es ja auch noch geben.

Bisher hatten die beiden nur in → Studentenzimmern gewohnt, entsprechend schlecht waren sie ausgestattet. Neue → Möbel konnten sie sich nicht leisten, auf Flohmärkten und bei Trödlern fanden sie nichts, da fiel Jonas ein, dass im Keller seines Elternhauses in Freiburg noch ein schönes Jugendstilbett und ein großer Biedermeierschrank seiner verstorbenen Oma standen.

Es war kurz vor Weihnachten, als er nicht wie sonst mit dem Zug in seine badische Heimat fuhr, sondern mit einem kleinen Transporter, den er anmietete. Auf eine Vollkaskoversicherung ohne Selbstbeteiligung verzichtete er. Die Strecke kannte er im Schlaf, außerdem war er ein sicherer Fahrer, was sollte schon passieren? Marie fand das in Ordnung. »Schließlich werden uns der Umzug und die Wohnungsrenovierung noch Geld genug kosten«, sagte sie und küsste ihn auf seine von der Winterkälte gerötete Nasenspitze.

Die beiden haben die Wohnung nie bezogen.

Denn nachdem es am 23. Dezember in Freiburg mehrere Stunden lang genieselt hatte, war es zu überfrierender Nässe gekommen. Jonas fuhr gegen 19:30 Uhr von Westen kommend auf die Kreuzung Rempart/Ecke Werthmannstraße zu. Er sei höchstens 30 km/h gefahren, sagte er später aus, der Gutachter sprach von 55 km/h. Die Ampel sprang auf Gelb, er drosselte das Tempo, es wurde rot, er stieg auf die Bremse, doch das Fahrzeug hielt nicht an, sondern schlitterte ungebremst in die Kreuzung und rammte den hellbraunen Mercedes einer Jura-Professorin, die auf dem Weg zum Bridge war. Der Transporter knallte auf einen Ampelmast, wo er mit eingedrückter Frontseite stehen blieb. Der Mercedes drehte sich dreimal um die eigene

Achse und verkeilte sich in der Absperrung zur Belfortstraße, wo kurz darauf sein Motor erstarb.

Die Kosten beliefen sich auf 18 000 Euro, wovon die Versicherung 2000 übernahm. Den Rest mussten Jonas und Marie aus eigener Tasche bezahlen.

Dachte Jonas. Aber Marie war der Meinung, er müsse allein für den Schaden aufkommen. Das verstand Jonas nicht, sie hätten doch gemeinsam beschlossen, keine Vollkaskoversicherung zu nehmen, das impliziere doch, dass sie auch eventuell aufkommende Schäden gemeinsam trügen!? Marie verneinte, sie habe den Unfall ja nicht verursacht, und überhaupt, sie fand diese alten → Möbel sowieso hässlich. So gab ein Wort das andere, die Väter schalteten sich ein, schließlich zwei Anwälte, und am Ende stotterte Jonas den Schaden in 56 Monatsraten ab.

Die beiden sahen sich nie wieder. Jonas nahm eine Stelle in einem Verlag in Frankfurt an.

Er hatte die Sache längst vergessen, als er einige Jahre später beim Aufräumen ein Foto fand, auf dem er und Marie auf einer Decke im Englischen Garten saßen. Wenig später googelte er sie. Sie war bei Facebook, hatte zwei Kinder und fuhr einen *süßen* Mitsubishi Colt. Wie sein Leben wohl verlaufen wäre, wenn er damals die teurere Vollkaskoversicherung ohne Selbstbeteiligung abgeschlossen hätte?

Mitgliedschaften in einem Automobilistenverband

Antje A. aus H. fragt: *Ich habe mir mein erstes eigenes → Auto gekauft, es ist toll! Nun frage ich mich, ob ich Mitglied in einem Automobilistenverband werden soll oder nicht. Der Wagen ist ja total neu und braucht sicher gar keinen gelben Engel.*

Antwort: *Liebe Antje, allein der berühmteste aller Automobilistenverbände hat 17 Millionen Mitglieder. Minütlich kommen 2,3 neue dazu. Die können nicht alle irren. Was den Jahresbeitrag angeht: Etwa die Hälfte gibt's durchschnittlich durch in Anspruch genommene Hilfeleistungen zurück. Jeder, dessen Auto schon mal bei Regen auf der Autobahn liegen blieb oder im Winter nicht mehr ansprang, wird das bestätigen.*

Nackenkissen

Reisende in Zügen, Autos und Flugzeugen, deren Kopf im Halbschlaf unruhig hin- und herwackelt, sind ein trauriger Anblick. Sie sind zu müde, um eine bequeme Schlafposition zu finden, und wach genug, um nicht jedes Mal aufs Neue mit schmerzverzerrtem Gesicht aufzuschrecken, wenn der Hals eingeknickt ist. Abhilfe würde ein aufblasbares Nackenkissen schaffen. Wichtig ist, dass es weich ist und die Reißverschlüsse und Nähte an der Außenseite liegen. Auf gar keinen Fall darf es im Innern scharfe Kanten haben, an denen man sich die sensiblen Hautpartien an Hals und Nacken wund scheuern kann. Denn das ist noch viel schlimmer als ein steifer Nacken.

Notizbücher

Dieser Artikel könnte auch unter der Rubrik → Büro gelistet sein. Aber da die meisten Notizbücher vermeintlich auf Reisen mit Ideen und Skizzen gefüllt werden, möchte ich hier einige Worte dazu sagen: Das Notizbuch ist aus dem Reisegepäck des modernen Travellers nicht mehr wegzudenken. Lange Zeit hatte ein Vokabelheftchen genügt, um unterwegs etwas aufzuschreiben. Manchmal auch ein Bierdeckel. Bis dann vor einigen Jahren ein schwarzes Notizbuch auftauchte, das damit warb, dass diverse Berühmtheiten immer eines davon in der Tasche stecken hatten. Ein moderner Mythos war geboren. Dass diese Geschichte nicht ganz der Wahrheit entsprach, tat dem Erfolg der Kladden keinen Abbruch. Dass unzählige Konkurrenzprodukte auf einen immer unübersichtlicher werdenden Markt drängten, ebenfalls nicht.

Ein gutes Notizbuch darf nicht zu schwer sein, weil man es ja den ganzen Tag mit sich herumträgt. Es hat einen stabilen und strapazierfähigen Einband, und das Papier ist mehrfach fadengeheftet. Kleine Taschen in der Umschlaginnenseite sind gut, um Zettel, Quittungen und Fundsachen zu verwahren. Es hat geglättetes Papier, auf dem schönes Schreiben auch dann noch möglich ist, wenn man auf der Rückbank eines allradgetriebenen Jeeps sitzt, auf einem Bahnsteig in Timbuktu oder in einer Suppenküche in Jakarta.

Dabei sollte jedem klar sein, dass die Qualität der eigenen Notizen in keiner Weise abhängig ist von der Güte des Notizbüchleins. Auch in einem simplen Vokabelheft haben kunstvolle Alexandriner, Drehbuchskizzen und Romananfänge Platz.

Outdoor-Grills

Stabilität ist das entscheidende Merkmal guter Outdoor-Grills. Sie müssen solide stehen, dafür brauchen sie feste Beine und eine gute Fixierung derselben am Grillgutkörper. Sie müssen zudem aus robustem Material sein und dürfen keine scharfen Ecken und Kanten haben. Wenn sie über

Griffe verfügen, sollten diese ebenfalls fest fixiert und nicht wie bei manchen Geräten nur mit einem winzigen Nägelchen befestigt sein. Bei solchen Grills ist auch die Höhe des Rosts nicht verstellbar. Mit die besten Produkte haben einen verschließbaren Deckel und werden auch *Kugelgrill* genannt. Aus ihnen können keine Flammen emporschlagen,  und da der Deckel die Hitze der Kohle reflektiert und sie aufs Grillgut zurückwirft, ist dieses schneller durch.

Das Beste an einem guten Grill aber ist seine Umweltfreundlichkeit. Denn er kostet so viel Geld, dass niemand auf die Idee kommt, ihn einfach im Park, im Wald oder auf der Wiese zurückzulassen.

Postkarten

Meine Nachbarin bekam zu ihrem letzten Geburtstag mehr als zwei Dutzend elektronische Grüße und keine einzige Postkarte. Es war Katrins zweiunddreißigster und sie war an diesem Tag nicht wirklich glücklich. Auch wenn eine Postkarte im Gegensatz zu einer E-Mail eine unfassbar teure Angelegenheit ist: Was sind zehn oder fünfzig E-Mails, die einen morgens in der Mailbox erwarten, im Vergleich zu einem bunt bedruckten Karton im Briefkasten, dessen Rückseite von Hand mit blauer, grüner oder roter → Füllertinte beschrieben und mit einer kleinen gezackten → Briefmarke beklebt ist? Abgesehen davon, dass man von den Kosten, die der Kauf eines Computers, der Abschluss eines Zweijahresvertrags mit einem Provider und der benötigte Strom verursachen, tausende Postkarten schreiben könnte.

Reiseführer

Lesen bildet. Reisen auch. Bei Reiseführern kommt beides zusammen. Man reist, und damit das Reisen Spaß macht, liest man vorher was. Zu jedem populären Reiseziel gibt es mindestens zehn Reiseführer. Das Problem der meisten Schmöker ist ihr Gewicht. Ein zwei Kilo schweres Buch durch Wien, den Schwarzwald oder Australien zu schleppen kann anstrengen. Aber das ist nicht so schlimm wie eines, das zwar dünn, dafür aber arm an Informationen ist. Es ist doch wichtig, etwas über ein Land und seine Geschichte zu erfahren, bevor man hinfährt, über seine Sitten und Gebräuche und die Menschen, die dort leben.

Es gilt die Formel: *Je dünner der Reiseführer, desto dünner die Informationen über das Reiseziel.*

Reisetaschen

Es widerstrebt mir, etwas Neues wegzuwerfen. Deshalb habe ich meine Reisetasche jetzt zur Sporttasche umfunktioniert. Sie kommt jetzt nur noch einmal pro Monat zum Einsatz und hat auch nicht viel mehr zu tragen als ein Paar Fußballschuhe und ein Trikot. Als Reisetasche war sie nämlich eine Katastrophe. Ich hatte mich vom Namen des Herstellers blenden lassen. Und von dem vielen Papier, mit dem sie ausgestopft war, als sie noch im Laden stand. Sie ist aus Baumwolle und damit wasserdurchlässig, die minderwertigen Reißverschlüsse hakeln bei jedem Öffnen, der weiche Trageriemen ist im Schulterbereich nicht extra gepolstert. Das Schlimmste aber ist der Boden, der nicht verstärkt ist, so dass die Tasche immer völlig formlos in sich zusammenfiel und an mir hing wie ein nasser Sack.

Rollatoren

Ein Rollator sollte leicht, stabil und einfach zusammenzuklappen sein. Eine gute mobile Gehhilfe, die auf der Straße verwandt wird, ist ausreichend mit Reflektoren versehen, die Bremse funktioniert einwandfrei und ist einfach zu bedienen. Sie hat einen Einkaufskorb oder ein Einkaufsnetz, beides am besten mit Regenschutz. Vier Räder sind ein Muss, denn drei können zu leicht kippen. Sie sehen, die Ansprüche an die Fahrhilfen für die Jüngsten und die Ältesten unter uns ähneln sich frappant. Denn dasselbe kann man auch von einem → Kinderwagen verlangen.

Rollkoffer

Wer beim Kauf eines Rollkoffers sparen möchte, sollte vorher mit dem Flieger verreisen und die → Fluggesellschaft um einen Fensterplatz auf der rechten Seite bitten. Damit er sehen kann, wie das Bodenpersonal die Gepäckstücke verlädt. Denn Rollkoffer sind enormen Strapazen ausgesetzt. Sie werden hin- und hergeworfen, knallen auf Betonböden und gegen Metallwände, werden fallen gelassen, auf Rollbändern verbogen und in Gepäckfächer gequetscht. Sie bleiben an spitzen Ecken und ihre Räder an anderen Gepäckstücken hängen. Die langen Schlangen vor den *Lost-and-Damaged-Baggage*-Schaltern sprechen Bände.

Ein Rollkoffer sollte leicht und trotzdem robust sein – das Material fest und wasserdicht, Reißverschlüsse und Nähte versiegelt. Der Teleskopgriff muss stabil sein und möglichst wenig hin und her wackeln. Die Achse sollte nicht aus Kunststoff, sondern aus rostfreiem Metall sein, damit Sand und anderer Schmutz sie nicht abschleifen kann.

Man sollte seine Nase wie beim → Weinglas in den Koffer stecken, da sich der penetrante Geruch mancher Hartschalen aus Kunststoff auf die Kleider überträgt. Niemand will nach Plastik riechen. *Flüsterrollen* aus Vollgummi haben den Vorteil, auf Teer, Bordsteinkanten und Kopfsteinpflaster nicht solch infernalischen Lärm zu verursachen wie Hartplastik-Räder.

Vier in alle Richtungen bewegliche Rollen erleichtern das Rangieren an engen Orten wie dem → Flughafenbus. Für Reisen in die USA empfiehlt sich ein TSA-Schloss, das von der *Transport Security Administration* mit einem Generalschlüssel geöffnet werden kann. Alle anderen Schlösser darf die TSA anderweitig öffnen. Was sie bestimmt auch tut.

Scheibenwischerblätter

Bei Scheibenwischerblättern, im Volksmund auch *Scheibenwischer* genannt, muss man ohne jede Ausnahme zum teuren Exemplar greifen. Manche kosten kaum mehr als eine Schachtel → Zigaretten. Leider können die, was ihre Wischleistung angeht, auch nicht viel mehr als eine Schachtel Zigaretten. Die Leistung von Flachbalkenwischern ist wesentlich größer als die der klassischen Bügelwischer. Flachbalkenwischer sind mit einer flachen, windschnittigen Platte versehen, deren darunterliegender Wischgummi durch die Kraft des Fahrtwindes fest auf die Scheibe gedrückt wird. Gute Scheibenwischblätter müssen richtig fest am Wischarm ansitzen. Sie sind leicht zu montieren. Eine hinreichende, leicht verständliche Montageanleitung ist obligatorisch.

Schlafmatten

Wer zelten, campen oder aus anderen Gründen nicht in seinem eigenen Bett schlafen will, muss für Matratzenersatz sorgen. Eine Nacht auf einer klassischen, grünen Isomatte kann *sehr* lang sein. Besonders ab drei, vier Uhr morgens spürt man jeden Knochen. Eine aufblasbare Schlafmatte ist deshalb in jedem Fall vorzuziehen. Dabei sind die, die man selbst aufblasen muss, dicker und weicher und somit empfehlenswerter als dünne, selbstaufblasende. Achten Sie zudem auf flache Ventile, die sind beim Rollen, Packen und Schlafen weniger im Weg. Sie müssen wirklich niemandem beweisen, was für ein harter Hund Sie sind, am wenigsten Ihrem Rücken.

Sonderangebote

Der Mensch wird beim Einkauf wesentlich mehr von Sehen, Hören, Tasten und Riechen gesteuert als von seiner Ratio. Deshalb springen wir so auf Sonderangebote an; Hinweise auf Sparmöglichkeiten aktivieren unmittelbar das Belohnungszentrum in unserem Gehirn.

Hier verschiedene Arten von Sonderangeboten und Schnäppchen, in absteigender Reihenfolge des von ihnen verursachten Glücksgefühls:

- Eine Ware, die man sowieso kaufen wollte, ist just an dem Tag, an dem man ins Geschäft geht, rabattiert
- Factory Outlets
- *Buy two, get one free* (vor allem im angelsächsischen Raum)

- Sommerschlussverkauf
- Regelmäßig wiederkehrende Sonderangebote bei Artikeln des täglichen Bedarfs wie → Butter, → Nudeln, Tee oder Milch
- Im Preis verbilligte Ware wegen nahendem oder abgelaufenem Mindesthaltbarkeitsdatum
- Zweiwöchige Gratisabos von Zeitungen und Zeitschriften
- Best-of-CDs im Drogeriemarkt, die neben zwei Hits nur unbekannte Songs enthalten
- Ein-Euro-Läden
- Herabgesetzte Ware, auf deren Preisschild neben dem jetzigen Preis auch der durchgestrichene Originalpreis aufgedruckt ist
- Parfumproben
- Werbegeschenke
- Billiges Benzin, für das man die Landesgrenze verlassen muss

Sprachkurse

Spanisch hatte mir schon immer gefallen. Es ist wärmer und herzlicher als Deutsch oder Englisch, aber härter und schneller als Italienisch. Spanische Frauen klangen in meinen Ohren immer nach Gangsterbraut, Revolutionsführerin und leidenschaftlicher Geliebter zugleich. Doch mit den paar Brocken, die mir von den letzten Reisen in Erinnerung geblieben waren, ließ sich keine abendfüllende Konversation bestreiten: *Si, no, buenos días, adios, Fútbol Club Barcelona*.

Es war höchste Zeit, einen Sprachkurs zu machen. Am richtigen Ort würde ich auch sein, für drei Monate wollte ich dem kalten deutschen Winter entfliehen und im stets frühlingshaften Barcelona arbeiten.

Freunde hatten gute Erfahrungen mit Sprachschulen vor Ort gemacht. Aber die Vorstellung, dass ein Sprachkurs meinen Tagesrhythmus bestimmen würde, gefiel mir nicht. Schließlich kam ich zum Arbeiten her. Außerdem waren die Kurse nicht ganz billig, Spanien war auch nicht mehr das, was es mal war. Als ich in einen Buchladen ging, um mir einen → Reiseführer zu kaufen, entdeckte ich zwischen *Barcelona entdecken* und *Katalonien live* eine clevere Alternative: *Spanisch lernen in 30 Tagen*. Das war genau das, was ich brauchte! Und es kostete weniger als eine einzige Unterrichtsstunde. Gewillt war ich. Fremdsprachenaffin auch, ich sprach Englisch und Schulfranzösisch und war nicht schlecht im Imitieren von Österreichisch. Noch im Buchladen begann ich zu rechnen: Ende Februar reiste ich an, Ende März würde ich fließend Spanisch sprechen. Ein paar Tage, an denen es mit dem Lernen nicht klappen würde, musste ich einberechnen, also Anfang April. Im Mai würde ich auf Spanisch träumen, im Herbst wiederkommen und in ein paar Jahren ganz nach Spanien ziehen, die lockere, südländische Lebensart war mir ja immer schon sehr viel näher gewesen als die strenge deutsche. Das war vor fünf Jahren.

Seitdem bin ich nicht mehr da gewesen.

Der interkontinentale Winter hatte die ganze Iberische Halbinsel fest im Griff gehabt und ich wäre beinahe in meiner heizungslosen Wohnung erfroren. Spanisch gelernt hatte ich auch nicht. Die einzigen neuen Worte waren *una cerveza* und *por favor* sowie deren Kombination *una cerveza, por favor*. Denn *Spanisch in 30 Tagen* war schlimmer als jeder Frontalunterricht. Bei dieser didaktisch völlig veralteten Lehrmethode betet wenigstens ein Mensch 45 Minuten lang seinen Stoff runter. Bei *Spanisch in 30 Tagen* gab es niemanden. Keiner, der mir etwas vorsagte, keiner, der meine Fehler korrigierte, keiner, der fehlende

Hausaufgaben rügte, keiner, der über lustige Versprecher schmunzelte. Keiner, der in der Pause eine Zigarette mit mir rauchte. Ich lernte in der permanenten Unsicherheit, dass alles auch ganz anders heißen könnte. Erst, wenn ich es zuklappte, begann das Buch mit mir zu sprechen. *Kannst du nicht*, fragte es, *oder willst du nicht?* Jedes Mal, wenn ich es ansah, machte es mir ein schlechtes Gewissen. *Wolltest du nicht lernen?* Wollte ich es wegwerfen, schrie es: *Damit sind deine Probleme nicht gelöst* und ein paar spanische Flüche, die ich nicht verstand. Erst am letzten Tag verbrannte ich es in einer großen, zylinderförmigen Eternitschale für Zigarettenkippen in El Prat.

Mein Freund Klaus, der zur selben Zeit beruflich in Rio de Janeiro zu tun hatte, hatte vor Ort Individualunterricht genommen. Der sei jeden Cent wert gewesen, erzählte er, als wir uns wiedertrafen. Tita, eine junge Brasilianerin, lernte drei Wochen lang intensiv mit ihm und zeigte ihm nicht nur die Geheimnisse ihrer Stadt. Dabei strahlte Klaus übers ganze Gesicht. Und er sprach fließend *Português*.

Straßenkarten

Die einem → Mietwagen beiliegende Karte ist meist zu vernachlässigen, weil sie viel zu ungenau ist. Gerade in Ländern wie Italien, in denen so manche Ortsangabe dreimal kurz hintereinander und dann stundenlang überhaupt nicht mehr auftauchen kann, ist eine gute Karte unerlässlich. Diese hat mindestens einen Maßstab von 1:200 000. Karten können nun mal kein ganzes Land auf 1:1 000 000 oder 1:500 000 abbilden.

Supermärkte

Alain Caparros ist Franzose und Vorstandsvorsitzender der Deutschen Handelskette REWE. In einem Interview mit der *Süddeutschen Zeitung* forderte er, es müsse in seinen Supermärkten mehr soziale Nähe geben. Man müsse sich grüßen und miteinander reden, so wie man es beim Metzger und beim Gemüsehändler auch tue.

Es fallen jedem sofort zahlreiche Supermärkte ein, die noch Lichtjahre von dieser Vorgabe entfernt sind. Nach einem langen Arbeitstag in einem hässlichen Supermarkt einkaufen zu müssen ist oft eine einzige Qual. Das Licht stammt aus grellen Neonröhren, die an der Decke hängen, nach freien Wagen und Körben muss man Ewigkeiten suchen, Preisschilder hängen an der falschen Stelle, Milch ist ausverkauft, Käse gibt's nur abgepackt, der Salat ist welk, → Sonderangebote entpuppen sich als Fake, vermeintliche Frischware ist in Folie geschweißt, Marken, die man mag, wurden zugunsten eines einheitlichen Corporate Designs, das von Marmelade über Hundefutter bis zu Klopapier alles abdeckt, aufgegeben. Dazu laufen Jingles in Endlosschleifen, die an Blödheit nicht zu überbieten sind und die man prompt als Ohrwurm mit nach Hause nimmt. Es ist grundsätzlich zu wenig Personal da, an der Kasse gibt es immer lange Schlangen, Tragetaschen kosten extra, und hat man bezahlt, kann man nicht in Ruhe einpacken, weil auf dem kurzen Rollband die Ware des nächsten Kunden unerbittlich nachdrängt. Mit Verlaub, Herr Caparros, aber da will man mit niemandem mehr reden – sondern nur noch schreien.

Taxis

Sich nach einer langen Nacht in einem Taxi nach Hause fahren zu lassen kostet definitiv mehr als der Nachtbus. Dafür wird man direkt bis vor die Haustür gebracht, muss nicht eine halbe Stunde an der Haltestelle warten, zweimal umsteigen und dann noch einen Kilometer nach Hause laufen. Man muss auch keine Angst haben, einzuschlafen und die Haltestelle zu verpassen. Ist man da, wird man geweckt. Außerdem kann man die Zeit im Taxi sinnvoll nutzen, mit Herumknutschen zum Beispiel, ohne dass einen dabei Mitreisende anstarren.

Trafiken

In Spanien und Italien werden → Briefmarken und → Tabakwaren ausschließlich in Spezialgeschäften verkauft. Sich dort mit Rauchwaren eindecken zu müssen kostet Zeit, weil man noch mal extra dorthin muss, und Stress, weil sie so früh schließen. Aber was wäre das Stadtbild ohne sie? Auch in Österreich bestimmten Trafiken das Stadt- und Straßenbild. Diese wurden vor Urzeiten eingerichtet, um Kriegsheimkehrern, -witwen und -versehrten eine Verdienstquelle zu verschaffen. Die Alleinstellung der Trafiken wurde jahrelang von Tankstellen bekämpft, die von diesem lukrativen Geschäft auch etwas abhaben wollten. Mittlerweile dürfen sie, genauso wie Gaststätten, auch Tabakwaren verkaufen – allerdings um zehn Prozent teurer als in der Trafik. In Supermärkten, Drogerien usw. bekommt man sie immer noch nicht. Und das soll bitte schön auch so bleiben.

Sport & Spiel

Boulekugeln

Die ersten Boulekugeln, mit denen wir als Kinder spielten, waren aus Plastik. Sie waren grün, gelb und rot und steckten zusammen mit der kleinen, Zielkugel in einer weißen Gittertasche aus dünnem Kunststoff. Der Sport hieß damals noch ausnahmslos *Boccia*. Heute sagt jeder *Boule*, obwohl die meisten nach Regeln des *Pétanque* spielen, bei dem keine Bandenbegrenzung nötig ist.

Als Kinder liebten wir dieses Spiel, auch wenn die Kugeln immer schrecklich wehtaten, wenn sie uns auf die Füße fielen. Wir waren gar nicht schlecht und vielleicht wären wir sogar Profis geworden, hätte mein kleiner Bruder nicht eines Tages, als er Durst hatte, mit einem Nagel ein Loch in eine grüne und eine rote Kugel gestochen, um das Wasser herauszunuckeln.

Damit das nicht passieren kann, sollten Boulekugeln aus Metall sein. Wer weiter reichende Ambitionen hat, achte darauf, dass die Kugeln für Wettbewerbe zugelassen sind. Diese müssen einen Durchmesser von 70,5 bis 80 Millimeter haben und zwischen 650 und 800 Gramm wiegen. Das Herstellerlogo und die Gewichtsangabe müssen eingraviert und immer gut lesbar sein. Eine von der *Fédération Française de Pétanque et Jeu Provençal* herausgegebene Liste führt alle Labels der *Boules et Buts agréés en compétition* auf. Es gibt sie von *Obut* und *Jean Blanc*, von *MS Pétanque* und *La Boule*, von *Okaro* und *La Boule Bleue*. Jeder Wurfstil und jede Wurfart bedarf einer eigenen Kugelart. Der *Pointeur* spielt meist eine kleine, harte Kugel, während der *Tireur* eine größere, weichere Boule wirft. Wird eine *Triplette* gespielt, wird der letzte Werfer sich für eine mittelharte *Milieu*-Kugel entscheiden. Wer der Typ für *flaches Roulette* oder schwache *demi Portées* ist, wird auf Asphalt keine weichen Kugeln legen, da diese dort häufig verspringen. Auch *Donée* und *Portée* verlangen nach schwereren Kugeln, die sich nicht so leicht aus der Bahn werfen lassen. Und wem das alles zu kompliziert ist, der sollte weiter die wassergefüllten Plastikkugeln benutzen.

Carving-Skier

Carving-Skier sind die beliebtesten und meistverkauften Skier überhaupt. Durch ihre geschwungene Form garantieren sie dynamischen Fahrspaß, hohe Kurvengeschwindigkeit bei geringem Kraftaufwand und ein achterbahnartiges Spiel mit den Fliehkräften. Sie dürfen bei der Schussfahrt nicht flattern, in der Kurve nicht ausreißen, müssen auf jeder Schneeart gut greifen und kurze Schwünge ebenso elegant und sicher nehmen wie lange.

Welcher Ski all diese Eigenschaften hat, muss man ausprobieren. Oder bei einem Skifachverkäufer vor Ort erfragen. Der sollte Toni oder Seppi oder Gustl heißen und sich auskennen. Wer jung, hübsch und weiblich ist, wird vielleicht sogar auf eine Skitour abseits der ausgetrampelten Strecken eingeladen.

Expander

Gute Expander sind vielseitig einsetzbar und können größere und sperrige Dinge festzurren, etwa auf dem Gepäckträger eines → Fahrrads. Das schaffen nur die, deren inneres Gummiband sehr elastisch und dehnbar ist. Außerdem muss das Bandende fest im Drahthaken sitzen, damit es nicht rausrutschen kann. Beides sollte man unbedingt im Geschäft ausprobieren.

Fahrräder

Abgesehen davon, dass man Fahrräder *niemals* im Discounter, Baumarkt oder Flohmarkt kaufen, sondern sich immer an einen professionellen Fachhändler wenden sollte, gilt folgende Formel: *Lieber viel Geld für wenig Schnickschnack ausgeben als wenig Geld für viel Schnickschnack!*

Fahrradsatteltaschen

Nichts gegen diese LKW-planenartigen Säcke, die man verschließt, indem man sie an ihrem offenen Ende eng zusammenrollt. Aber gute Satteltaschen haben nun mal *richtige* Verschlüsse. Sie sind wasserdicht, ihre Nähte auch. Die Verschlüsse sollten separat abmontierbar sein, so kann man sie problemlos austauschen, wenn sie mal kaputtgehen. Sie haben verstellbare Befestigungshaken und mindestens eine, eher zwei mit Reißverschlüssen versehene Seitentaschen. Auf einer Fahrradtour braucht man nämlich alle naselang etwas, das sich in der Satteltasche befindet. Es erspart viel Stress und Nerven, wenn man dann nur mal rechts ranfahren und eine kleine Seitenzusatztasche öffnen muss, um schnell an → Papiertaschentücher, den → Geldbeutel oder das → Brillenetui zu kommen.

Fahrradschlösser

Egal, ob man aus dem Kino, der Schule, dem Geschäft, dem Haus der Freundin oder der Polizeidienststelle kommt – wurde das Rad gestohlen, ist das immer sehr ärgerlich. An einem guten Fahrradschloss führt kein Weg vorbei. Dabei mutet es grotesk an, dass ein gutes heutzutage fast so viel kostet wie das → Fahrrad selbst.

Auf vielen Verpackungen ist mittlerweile die Sicherheitsstufe angegeben. Diese macht deutlich, dass die meisten Schlösser ihr Geld nicht wert sind, da ein Fahrraddieb sie in weniger als drei Minuten knacken kann. Mehr Zeit nimmt der sich laut Polizei dafür nämlich nicht. Hat er es nach drei Minuten nicht geschafft, gibt er auf und geht zum nächsten Rad. Ein gutes Schloss muss also die höchste Sicherheitsstufe haben. Am schwersten aufzubrechen sind Bügelschlösser.

Fahrradzubehör

- Billige Fahrradmäntel leiern aus, reißen, brechen, bekommen Löcher, verlieren Form und Stabilität.
- Billige Fahrradschläuche können undichte Ventile haben.
- Billige Pedale aus Plastik sind nicht rutschfest und brechen.
- Billige Steckschutzbleche lösen sich aus der Verankerung.

- Billige Kabel reißen.
- Billige Griffe enthalten Weichmacher.
- Billige Gepäckträger sind zu leicht, um etwas zu transportieren.
- Billige Gangschaltungen haken.
- Billige Klingeln, Muttern und Schrauben rosten.
- Billige Speichen brechen.
- Billige Körbe verbiegen.
- Fahrradersatzteile sollten im Sinne der Lebensdauer und der eigenen Sicherheit nur im Fachhandel erworben werden.

Ferngesteuerte Flugzeuge

Es gibt Dinge, die das, was sie angeblich können, einfach nicht können. Trotzdem werden sie immer noch produziert. Und immer wieder gekauft, weil die Käufer vergessen haben, dass sie schon in ihrer Jugend nicht funktioniert haben. So heben die allermeisten billigen ferngesteuerten Flugzeuge einfach nicht ab. Das war vor 30 Jahren so, das ist heute noch so, das wird auch in Zukunft so sein.

Fußbälle

Die Vorzüge eines schlechten Fußballs dürfen vor allem im Freizeitbereich nicht unterschätzt werden. Denn die unzähligen Flanken, Pässe und Torschüsse, die ihr Ziel nicht erreichen, können immer auf die mangelnde Qualität des Spielmaterials geschoben werden. Das hat schon so manchen Streit zwischen allzu jähzornigen Spielern verhindert.

Trotzdem macht das Spiel mit einem guten Ball wesentlich mehr Spaß. Billige Fußbälle sind zu leicht, zu hart oder zu weich, sie flattern, saugen Wasser und verlieren die Form. Ein guter Ball trägt das FIFA-Siegel oder ist als *Offizieller Match- oder Turnierball* gekennzeichnet. Er ist nicht aus PVC, da dies Krebs erregen und zeugungsunfähig machen kann, sondern aus PU (Polyurethan). PU ist umweltverträglicher und außerdem langlebiger. Zu guter Letzt wurde ein guter Ball natürlich nicht in Kinderarbeit hergestellt, wofür ein Fairtrade- oder ein anderes Siegel garantiert (weitere Siegel siehe → Kinderarbeit). Erfüllt der Ball all diese Kriterien, fallen sogar gute Qualität und Gutsein zusammen. Was will man mehr?

Fußballschuhe

In den Neunzigern ließ ein ehemaliger deutscher Fußballbundesligist seine Mannschaft von einem deutschen Sportartikelhersteller mit Trikots, Hosen, Stutzen und Schuhen ausstatten. Letztere empfanden die Spieler als für die Ausübung ihres Berufs nicht geeignet und verlangten nach anderen. Doch der Club *hatte Vertrag* und konnte sie nicht ohne weiteres austauschen. Da nahmen die Kicker einfach die Schuhe anderer Ausrüster und malten das Logo der alten darauf, damit man es im Fernsehen nicht sehen konnte. Und erzählten das hinter vorgehaltener Hand ein paar Sportjournalisten, mit denen sie manchmal ein Bier zusammen tranken. Das Naturell eines Journalisten verbietet ihm, so eine Geschichte für sich zu behalten, und so ist sie in diesem Buch gelandet. Der Sportartikelhersteller (dessen Name hier nicht genannt werden soll) hat die Produktion von Fußballschuhen mittlerweile eingestellt.

Minigolfanlagen

»Schönste Minigolfanlage Deutschlands« stand in großen Lettern auf dem Schild. Jörn hatte es zuerst gesehen. Wir hatten uns ein → Auto ausgeliehen und waren für einen Tagesausflug in den Spreewald gefahren. Eigentlich wollten wir die Kanäle und die sorbischen Mädchen sehen, aber wer Minigolf so sehr liebt wie Jörn, kann an so einem Schild nicht vorbeifahren.

Die Anlage war an drei Seiten von einer großen Zypressenhecke umzäunt und von außen nicht einsehbar. An der hinteren, vierten Seite grenzte sie an eine Häuserzeile in Plattenbauweise. Das Kassenhäuschen aus Fichtenholz war unscheinbar, die Kassiererin nicht. Sie rauchte, lachte laut und dreckig und verlangte vier Euro fünfzig pro Person. Ganz schön happig, dachten wir, aber wer auf der schönsten Anlage Deutschlands spielen will, muss eben ein bisschen tiefer in die Tasche greifen.

Außer uns waren nur wenige andere Gäste da, die aber nicht spielten, sondern hinterm Häuschen saßen und Bier tranken. Die Bahn war, wie sich bald herausstellen sollte, nicht die schönste Deutschlands. Sondern die allerhässlichste. Sie war eng angelegt, es gab keine Pflanzen und keine Sitzbänke, und das Einzige, was man ringsherum sah, waren der Plattenbau und die Dächer der LKWs, die an der Hecke vorbeifuhren. Aber lebt dieser Freizeitsport nicht immer auch von seiner Luftigkeit? Irgendwo in der Nähe musste ein Tümpel sein, denn der Platz wurde von unzähligen Stechmücken heimgesucht. Jörn trägt Glatze, entsprechend verstochen war sein Kopf nach zehn Minuten.

Am allerschlimmsten aber waren die achtzehn Bahnen. Die waren nicht aus Eternit, wie man es in unseren Breitengraden gewohnt ist, sondern aus ineinandergeschobenen, mit Filz bezogenen Holzplatten. Diese waren so schlecht vernietet, dass darin riesige Spalten und Lücken klafften. Der Filz war rau und abgefusselt, die Hindernisse aus Plastik und kaputt. An ein schönes Spiel war überhaupt nicht zu denken. Nach dem vierten Loch brachen wir ab. Die Kassiererin erklärte auf Anfrage, dass es sich um eine schwedische Anlage handle. Schwedische Anlagen sind nicht per se billiger, aber billige schwedische Anlagen sind großer Mist.

Wir wollten natürlich auch wissen, wer ihr das Prädikat »Schönste Anlage Deutschlands« verpasst hatte.

»Na, ein paar Männer eben«, erklärte sie forsch.

»Was denn für Männer?«

»Na solche, die hier mal gespielt haben.«

Gute, schöne, gepflegte Minigolfanlagen gibt es in der Hasenheide in Berlin, im Kurpark in Lenzkirch im Schwarzwald, am Freiburger Schlossberg und in Reichenberg bei Würzburg, unterhalb des Forsthauses Guttenberg. Ebenfalls wunderschön lässt es sich beim Schloss Kammer in Schörfling am Attersee in Oberösterreich, unterhalb des Klosters Andechs in Bayern und auf Amrum in Norddorf, zwischen Dünen und Inselstraße, spielen.

Scherze

Billig nennt man Scherze, die den Ansprüchen an gute nicht genügen. Die Enttäuschung wird meist durch die Erwartung einer tollen Pointe noch gesteigert.

Der Umkehrschluss, dass, wer für Gags bezahlt, auch tatsächlich lachen muss, gilt leider nicht. Viele Comedians sind *nicht* lustig.

Skisocken

Skisocken müssen an den besonders beanspruchten Stellen, also Schienbein, Ferse und Knöchel und Zehen, extra gepolstert sein. Wenn ein Fuß beim Skifahren den ganzen Tag in einem Kokon aus Vollplastik steckt, bekommt er nur sehr wenig Luft. Deswegen sollte man unbedingt Skisocken tragen, die Feuchtigkeit gut aufnehmen und wieder abgeben können. Aus Merinowolle zum Beispiel. Doch selbst wenn man Skisocken de luxe trägt – nach einem Tag auf der Piste kann einem der Geruch schon mal die Schuhe ausziehen, rein olfaktorisch gesehen.

Spielesammlungen

Ferienwohnungen sind ein ewiger Hort von Billigem, Minderwertigem und schlecht Verarbeitetem. Ob Besteck, → Kaffeemaschinen oder Gläser, Matratzen, → Schränke, Tische, Föne; hier ist alles zweitklassig. Sogar die Spielesammlungen. Die Figuren sind aus Plastik statt aus Holz und damit bruchanfällig. Die → Würfel sind weiß und nicht elfenbeinfarben, was dem Auge wehtut. Die Spielbretter sind aus dünner, geknickter Pappe, so dass sie immer in der Mitte nach oben stehen, wenn man sie auslegt.

Ein gutes Brett hingegen besteht aus einer großen Pappe, die man gar nicht knicken muss, oder aus zwei Pappen, die in der Mitte mit Stoff verbunden sind und entsprechend plan liegen.

Offenbar denken viele Herbergseltern, für die Gäste tue es auch die einfache Ausführung, schließlich sind die sowieso nur ein paar Tage da.

Das ist ein Fehler. Spielen ist ein sinnliches Erlebnis, das nicht von negativen Faktoren getrübt werden sollte. Eine schlechte Spielesammlung kann die Frage, ob man nächstes Jahr wiederkommt oder nicht, entscheidend beeinflussen.

Spielkarten

Hat jemand *gute Karten auf der Hand*, meint er nicht die Spielkarten selbst, sondern ihren Spielwert. Dabei trägt die Qualität der Karte selbst wesentlich zum Spaß des Spiels bei. Skatbrüder, Pokerfaces und Wahrsager wissen: Nur Karten, die griffig und nicht zu dünn sind, aber dennoch gut flutschen, sind gute Karten. Eine Qualitätskarte erkennen Sie daran, dass sie nicht knickt, wenn Sie sie an zwei gegenüberliegenden Seiten festhalten und leicht federn.

Sportschuhe

Sind billige No-Name-Sportschuhe nicht genauso gut wie die sündhaft teuren Markenartikel, bei denen das ganze Geld nur in weltweite Werbekampagnen gesteckt wird? Eine Frage, beinahe genauso alt wie Sportschuhe selbst.

Im Jahr 2006 brachte das US-amerikanische Billigkaufhaus Steve & Barney's den Basketballschuh *Starbury One* für 14,98 Dollar auf den Markt. Werbeträger war Stephon Marbury, schwarzer Basketballstar der New York Knicks. Mit diesen → Schuhen werde man die Szene auf den Kopf stellen, sagte Marbury bei der Präsentation des Dumping-Schuhs. Die dazugehörende Kampagne richtete sich vor allem an Eltern, die ihren → Kindern keine Schuhe für 150 Dollar kaufen können. Also viele. Oder wollen. Also beinahe alle. Leider sind → Kinder die größten Markenfetischisten, die es gibt, und da ist ein preisbewusstes Idol wie Marbury immer willkommen.

Der *Starbury One* war eines der teuersten Produkte von Steve & Barney's, wo → T-Shirts zwischen sechs und zehn Dollar kosteten. Das Medienecho war gewaltig und der Basketballstiefel nach wenigen Tagen im ganzen Land ausverkauft. Kurz darauf tauchte er bei eBay auf, wo er für 35 Dollar und mehr angeboten wurde. Mancher empfand es als obszön, dass jemand Geld mit einem Schuh machte, der doch für die Armen und Schwachen da sein sollte.

Das verweist auf ein generelles moralisches Dilemma, in dem Billigkaufhäuser und ihre Kunden sich befinden: Enorm niedrige Verkaufspreise lassen sich nur über schlechte Qualität und/oder durch schlechte Arbeits- und Produktionsbedingungen bewerkstelligen. Der Westen kann sich billig einkleiden, weil im Fernen Osten Hungerlöhne bezahlt werden, Kinder arbeiten und mit giftigen Stoffen hantiert wird, die von unseren Werkbänken längst verschwunden sind. Irgendwo dazwischen befinden sich die, die mit diesen Textilien sehr viel Geld verdienen.

Und der Schuh selbst? Gefiel. Aber nicht allen. Den einen quietschte er zu sehr, andere hielten ihn für zu wenig gedämmt oder bemängelten, man reibe sich die Ferse daran auf, das Leder sei zu ungeschmeidig und überhaupt sähe er aus wie eine Raubkopie der teuren Basketballschuhe der Trend-Marke *And1*.

Nach Stephon Malbury entwarfen noch weitere Celebrities wie Sarah Jessica Parker und Venus Williams ihre Modelinie für Steve & Barney's, aber 2008 war Schluss. Das Billigkaufhaus, das einst 276 Filialen betrieben hatte, war pleite und musste Insolvenz anmelden, worüber in Europa aber kaum berichtet wurde.

Stephon Malbury, der angeblich die komplette Saison im *Starbury One* gespielt hatte, vertreibt seine Schuhe und Basketballkleidung mittlerweile unter einem eigenen Label. 2010 wechselte er zu Shanxi Zhongyu in die chinesische Basketballliga, ins Land der Plagiatoren.

Tennisbälle

Generationen von Hobbytennisspielern haben schon über schlechte Tennisbälle geflucht. Das sind die, die beim zweiten Mal Spielen jegliche Form und Haltbarkeit verlieren und zu herumeiernden Flugobjekten mutieren. Die einzige Möglichkeit, sich diese schlechte Qualität vom Schläger zu halten, ist, zum Markenprodukt zu greifen, das von DTB, ITF oder FIT als Turnierball zertifiziert ist.

Trekkingsandalen

Viele Menschen schwören, sie werden sie in ihrem ganzen Leben nicht anziehen, geschweige denn damit in der Gegend herumlaufen, schon gar nicht in kurzen Hosen. Weil sie sie unglaublich hässlich finden. Manche halten diese ablehnende Haltung jahrelang durch. Das sind dieselben, die sich weigern, einen Fahrradhelm aufzusetzen, und deren Standhaftigkeit bei gelöcherten Schuhen aus quietschbuntem Vollplastik nicht auf den Prüfstand geriet, weil diese rechtzeitig wieder vom Markt verschwunden waren. Doch früher oder später entdeckt fast jeder, dass Trekkingsandalen auch unglaublich bequem sind, besonders im Urlaub, und wollen sie gar nicht mehr ausziehen, wandern darin und tragen sie auch abends, wenn sie ausgehen, hier sieht mich ja keiner.

Für den vollen Tragekomfort sollten folgende Punkte beachtet werden: Trekkingsandalen müssen sehr gut verarbeitet sein. Die Sohle sollte stabil und weich, Riemen, Scharniere und Verbindungsringe sollten gepolstert sein, damit sie nicht in die Haut schneiden. Außerdem müssen sie eine mikrobakteriell bearbeitete Sohle haben, schließlich steht man den ganzen Tag barfuß in ihnen. Sie sollten sie unbedingt mal anprobieren. Sie sind wirklich unglaublich bequem.

Tischkicker

Immer mehr Männer wollen nicht mehr nur im Schwimmbad und in der Kneipe kickern, sondern auch zuhause, im Garten und im Büro. Beim Kauf eines eigenen Tischkickers sollte bedacht werden, dass so ein Gerät, an dem vier Leute rücken, drücken und ziehen, ganz enormen Schieb-, Flieh-, Ruck- und Druckkräften ausgesetzt ist und entsprechend robust und schwer sein sollte. 70 Kilogramm bringt ein guter Kickertisch locker auf die Waage. Profispieler füllen sogar extra Sand in die Hohlfüße, damit er auf 100 und mehr Kilo kommt. Lassen Sie sich nicht von Tischen täuschen, die ihr Gewicht durch eingebaute oder angeschraubte Gewichte erlangen anstatt durch massive Bauteile. Deren Korpus wird auf Dauer nicht stabil genug sein.

Gute Tische werden an den Ecken und Kanten mit Nut und Federn geleimt und sind beständiger als aus Fernost gelieferte Bausätze, die man selbst zusammenschrauben muss. Eine gute Tischplatte verbiegt nicht, wenn eine Spielfigur den Ball einklemmt. Die Stangen dürfen ebenfalls nicht verbiegen und auch kein Spiel in den Lagern haben. Teleskopstangen schützen zwar den Unterleib des Gegners, gehen aber immer auf Kosten der Stabilität. Zu guter Letzt muss der Ball mit einem knappen, dumpfen, satten Knall an die hintere Torwand donnern. Dieses Geräusch ist einmalig auf der Welt, echte Fans können es am ganzen Körper spüren.

Würfel

Elfenbeinfarbene Würfel aus Plastik sind fürs Auge wesentlich angenehmer als weiße oder milchigweiße. E-Books haben ja auch keinen reinweißem Hintergrund.

Würfelbecher

In den meisten Lebensbereichen sollte Metall Kunststoff vorgezogen werden. Hier ist jedoch Leder das Material der Wahl. Daraus nämlich sollte ein Würfelbecher sein, weil gegerbte Tierhaut am besten den Krach von zwei bis fünf lärmenden → Würfeln dämpfen kann. In Plastikbecher eingeklebtes Filzimitat ist meist so schlecht verklebt, dass es sich schon bald löst. Der Lärm, der dann entsteht, ist ohrenbetäubend. Lederbecher erleichtern also auch das Zusammenleben mit den Nachbarn.

Küche & Kochen

Abklopfkästen

Abklopfkästen kommen bei der Zubereitung von Espresso zum Einsatz. Sie haben meist eine quadratische oder längliche Form, in deren Mitte sich eine mit Hartgummi überzogene Strebe aus Kunststoff oder Metall befindet. Auf diese wird der Espressogriff mit großer Wucht geschlagen, so dass das feuchte Espressopulver aus der Form heraus- und in den Kasten hineinfällt. Italienische Cafés, die am Tag hunderte von Espressi machen, haben sehr große Abklopfkästen. Oft sind sie in den Tresen integriert. Die Eleganz, mit der italienische Barmänner das Pulver abklopfen, kriegt man bei den vielleicht 15 x 15 x 15 cm großen Kästen für den Hausgebrauch natürlich nicht hin. Trotzdem sollte man einen Kasten nehmen, der feste Gummifüße und ein großes Eigengewicht hat, damit er nicht verrutscht. Denn man wird unweigerlich versuchen, den italienischen Schwung hinzubekommen. Sonst könnte man das Pulver ja gleich mit dem Löffel rauskratzen.

Aufbewahrungsdosen

Viele Aufbewahrungsdosen sind aus Bisphenol A hergestellt. Die sollte man nicht kaufen, und schon gar keine Lebensmittel darin aufbewahren. Denn Bisphenol kann krebserregend sein. Trotzdem werden jährlich 3,8 Millionen Tonnen von diesem Kunststoff hergestellt. Auf einer lebensmittelgeeigneten Aufbewahrungsdose befindet sich ein Messer-und-Gabel-Zeichen, ein *PP* oder *PE*, keinesfalls aber sollte die Zahl 7 draufstehen.

Austernbrecher

Weil man auch mit dem stabilsten Austernbrecher an einer Auster abrutschen kann, sollte er über einen großen Handschutz verfügen. Er hat einen massiven Griff wie ein Hammer und eine dicke Klinge. Warum sonst sehen Profibrecher, die einen Handschuh aus geflochtenem Stahl tragen, aus wie Prinz Eisenherz?

Bräter

Ein Bräter sollte aus Edelstahl, Gusseisen, Emaille oder einem anderen, dicken Material sein, das sich in der Hitze nicht verzieht. Damit das kondensierte Bratenwasser zurück aufs Bratgut tropfen kann, hat ein guter einen Deckel, der mit Lamellen, Rillen oder Wellen versehen ist.

Brotmesser

Ein gutes → Brot mit einer festen, zweifach gebackenen Kruste stellt für ein gutes Brotmesser keine Herausforderung dar. Es hat eine dicke Klinge aus Stahl mit einem scharfen Wellenschliff. Billige Klingen sind oft so weich und dünn, dass sie die Spur nicht halten, sich im Brotlaib selbständig machen und völlig krumme Scheiben abschneiden. Auch von abgebrochenen Klingen wird immer wieder berichtet. Das alles passiert nicht, wenn das Messer aus einem langen Stück geschmiedet ist und einen bis ans Ende des Griffs reichenden *Erl* (die im Griff verlaufende Verlängerung der Klinge) hat.

Ceranfeldschaber

Um die Kraft, die man braucht, um eingebrannte Milch vom Ceranfeld oder Farbflecken von der Fensterscheibe zu kratzen, optimal umzusetzen, muss ein Schaber so groß sein, dass man ihn mit der ganzen Hand umfassen kann. Die Schraube lässt sich fest arretieren, ohne dass sie Spiel hat oder durchdreht. Ein Ceranfeldschaber ist ein richtiges Werkzeug, also sollte er auch als solches benutzt werden können.

Ceranfeldschaberklingen

Rostfreie Ersatzklingen für Ceranfeldschaber haben gegenüber den anderen den Vorteil, nicht zu rosten. Denn nach dem Schaben spült man den Schaber meistens kurz aus und davon beginnt eine nicht rostfreie Klinge – was wohl? – zu rosten.

Dosenöffner

Im Jahre 1810 verlieh König George III. von England dem Kaufmann Peter Durand aus Hoxton-Square das Patent für Konservendosen. Zu Anfang wurden sie aus Zinn und Blei hergestellt, was nicht gerade gesundheitsdienlich war, später aus Weißblech oder dünnem Stahl. Ehe Robert Yates 1855 den ersten Dosenöffner erfand, öffneten die Menschen ihre Büchsen mehr als vierzig Jahre lang mit Hämmern, Messern oder Steinen.

Damit hatten sie bestimmt mehr Erfolg als wir heutzutage mit billigen Dosenöffnern. Im Geschäft kann man sich noch gar nicht vorstellen, dass etwas nicht stimmen könnte. Denn wer bietet ernsthaft ein Produkt an, das die einzige Funktion, die es hat, nicht erfüllt? Doch dann erlebt man sein blaues Wunder: nicht beim ersten Einsatz. Auch nicht unbedingt beim fünften. Aber spätestens beim zehnten Mal verbiegt die Führschiene, der Dorn verbiegt sich ebenfalls und das Rädchen dreht durch. Oft passiert das an einem Sonntagabend, wenn man nur noch schnell ein warmes Essen zubereiten will.

Einfache Dosenöffner haben einen spitzen Dorn, den man in den Dosendeckel drückt oder schlägt, um ihn dann mit Hilfe eines Transportrads langsam aufzuschneiden. Da dieser Dorn die Dose mehr aufreißt als -schneidet, entstehen viel scharfe Kanten und Ecken. Er neigt zum Stumpfwerden und Verbiegen und verschmutzt im Lauf der Zeit stark, weil er jedes Mal mit dem Doseninhalt in Berührung kommt.

Effektiver sind Büchsenöffner mit einem Schneidrad, das in den Deckel gedrückt wird und ihn dann durch Bewegung des Drehgriffs aufschneidet. Auch sie schützen nicht vor Ärger, wenn sie aus zu dünnem, zu weichem Stahl sind. Dann werden leichte Dellen und Knicke in der Dosenfalz zum unüberwindlichen Hindernis.

Bei noch aufwändigeren Öffnern setzt das Transportrad auf der Falzinnenseite an und schneidet die Dose an ihrer Seite auf. Dadurch entstehen weder scharfe Kanten, an denen man sich verletzen kann, noch kommt das Messer mit dem Doseninhalt in Berührung.

Die Verarbeitung und Mechanik guter Geräte ist so hochwertig, dass man sich mit ihnen auch an die 50 Millionen Ravioli-Dosen wagen könnte, die allein die Firma Maggi jährlich verkauft.*

* Recherchen im Freundeskreis ergaben, dass elektrische Dosenöffner nur bedingt als Alternative taugen. Kritisiert wurde, dass die Apparate 1. viel zu groß sind, 2. zu viel Strom brauchen und 3. nicht richtig funktionieren.

Einkochgläser

Ich wollte → Erdbeermarmelade einkochen, hatte aber keine leeren Gläser im Haus. Also ging ich in den → Supermarkt, um die zwanzig billigsten Gläser zu erwerben, die es gab. Leichter gesagt als getan. Ich verbrachte Ewigkeiten zwischen den Regalen, verglich, prüfte und rechnete. Schließlich schleppte ich zwanzig verschieden große Senf-, → Rote-Bete- und Gurkengläser nach Hause. Doch als Kind eines Nachkriegskindes fiel es mir schwer, die Gläser einfach so wegzuschütten. Ich beschloss, beim nächsten Mal leere Einkochgläser zu kaufen, und stellte fest, dass diese teurer sind als volle. Ich nahm sie trotzdem und fühlte mich gut, weil ich keine Lebensmittel mehr wegwerfen musste.

Kaum hatte ich sie mit Aprikosenmarmelade gefüllt, fand ich heraus, dass in den Deckeln der meisten Einmachgläser der Weichmacher *Diisodecylphthalat*, kurz DIDP, klebt. Der steht im Verdacht, Organe zu schädigen und den Hormonhaushalt negativ zu beeinflussen. Besonders dann, wenn er fett- und ölreiche Speisen abdichtet.

Also zog ich wieder los und fand schließlich teure, leere Einmachgläser, die mit *Diethylhexyladipat* abdichten. DEHA gilt laut EU-Verordnung als unbedenklich. Ich kaufte sie. Und las dann, dass DEHA in hohen Dosen bei Versuchsratten zu Vergiftungen geführt hat. Langsam spiele ich mit dem Gedanken, das Marmeladekochen aufzugeben.

Eierlöffel

Da Metall und vor allen Dingen Silber den Geschmack von gekochten Eiern beeinflusst, sollten Eierlöffel aus Perlmutt oder schönem Kunststoff sein.

Eisportionierer

Wie beeindruckt ist das Kind, wenn der Eisverkäufer die → Eiscreme mittels eines Rings, der sich im Eisportionierer befindet und der durch Drücken des Griffes bedient wird, auf die Waffel hebt. Und wie enttäuscht, wenn es zuhause mit einem billigen Eisportionierer dasselbe versucht, aber kläglich scheitert.

Eiswürfelbeutel

Der Pro-Kopf-Konsum von Eiswürfeln dürfte in den letzten zwanzig Jahren um geschätzte 500 Prozent gestiegen sein. Reichte einer fünfköpfigen Familie früher noch eine einfache Plastikschale mit zwanzig Würfelfächern, hat ein durchschnittlicher Zwei-Personen-Haushalt heute bis zu 300 Eiswürfel dauerhaft vorrätig. Möglich wurde dies durch die Erfindung der Eiswürfelbeutel. Auch wenn man in ihnen streng genommen Eis*kugeln* produziert, hat sich im täglichen Sprachgebrauch der Eiswürfel gehalten. Gute Beutel lassen sich befüllen, ohne dass viel Wasser herumspritzt. Einzelne Eiswürfel lassen sich einfach aus der Folie herauspressen, leere Folienreste praktisch abtrennen. Kein lästiges Rumgefummel ist nötig, schon gar kein gefährliches Hantieren mit einem → Messer oder einer → Haushaltsschere. Und Plastikfitzel schwimmen auch keine im Drink.

Leider sind gute Eiswürfelbeutel in den Sommermonaten oft ausverkauft. Wer keine Lust auf schlechte Eiswürfelbeutel hat oder wem 300 Würfel nicht reichen, sollte eine Tankstelle aufsuchen. Dort kann man sich säckeweise damit eindecken.

Espressokannen

Auch wenn *tutta Italia* die achteckigen Espressokannen aus Aluminium auf den heimischen Herd stellt – wesentlich gesünder sind die aus Edelstahl. Denn der oxidiert nicht und sondert auch keine giftigen Stoffe ab, wenn er in der Spülmaschine gewaschen wird. Wer eine Alukanne hat, sollte sie nur mit Wasser ausspülen.

Frischhaltefolie

Frischhaltefolie muss sich gut abreißen lassen. Alles andere kostet unnötig Zeit und Nerven (siehe auch → Zurrgurte). Dienlich hierfür sind eine gute Säge und eine stabile Packung aus dickem Karton, aus der die Folie während des

Abreißvorgangs nicht herausfällt. Der Riss muss senkrecht zur Außenkante entstehen, so dass verhältnismäßig rechteckige Folienstücke herauskommen. Auch dürfen diese sich nicht sofort nach dem Abreißen kräuseln und verkleben. Zu guter Letzt muss Frischhaltefolie Lebensmittel frisch halten. Sonst müsste es sie ja nicht geben.

Getränkedosen

erleben derzeit ein Revival. Begründet wird dies von der Getränkedosenindustrie damit, dass sie leichter transportier- und stapelbar seien und von den Kunden nachgefragt würden. Vor allem aber sind sie im Einkauf billiger als PET-Einwegflaschen. Dennoch haben sie einen viel höheren Energie- und Materialverbrauch, mahnen Umweltschutzverbände, und deshalb sind sie umweltschädlicher. Also Hände weg.

Hobel

Hobel, für die es in der Küche vielfältige Einsatzmöglichkeiten gibt, sollten grundsätzlich aus dickem, rostfreiem Edelstahl sein. Sie müssen Zwiebeln, Zucchini, Sellerie und rohe → Kartoffeln mühelos in Stifte oder Scheiben hobeln können. In Plastik eingefasste Reiben brechen früher oder später, und bei einer zu dünnen Platte können die Zähne verbiegen. Und viereckige Reiben, die auf jeder Seite mehrere Reibeflächen haben, sind völlig unzweckmäßig, weil diese viel zu klein sind. Mit Gumminoppen versehene Füße geben beim Reiben zusätzliche Sicherheit, weil sie nicht so leicht abrutschen.

Kaffeefilterbehälter

Bei dieser etwas antiquierten, aber auch sehr traditionsreichen Art der Kaffeezubereitung gießt man kochendes Wasser über Kaffeepulver, das sich in einem Kaffeefilter befindet, der wiederum in einem Kaffeefilterbehälter steckt. In den Behälter darunter fließt dann frischer Filterkaffee. Ein guter Kaffeefilterbehälter ist aus Porzellan und nicht aus Plastik. Er kann zwar leichter kaputtgehen, wenn er runterfällt, macht das aber mit Stabilität und Geschmacksneutralität mehr als wett.

Kaffeemaschinen

Eine kleine Luxusgeschichte des Kaffeekochens:

1. Nach dem Krieg, als große Teile Deutschlands und Europas in Trümmern lagen, tranken wir Zichorienkaffee, weil es keinen echten gab. Als der Wiederaufbau begann und es unseren Eltern langsam besser ging und sie sich wieder echten Bohnenkaffee leisten konnten, übergossen sie ihn mit kochendem Wasser. Dazu benutzten sie → Kaffeefilterbehälter. Meine Großmutter, die arm und sehr sparsam war, nahm jeden Kaffeefilter mindestens drei Mal.
2. Auf Familienfeiern und Beerdigungen legten alte Damen immer ihre runzligen Hände auf unsere Schultern, sahen uns mit großen, ausgeblichenen Augen an und fragten, ob wir normalen oder *Kaffee Haag* wollten. Unheimlich war das. Für das eine war ich noch zu klein und das andere war mir suspekt. Ich hielt *Kaffee Haag* für was Verbotenes, Sündiges und bestellte Cola. Leider bekam ich immer nur Kakao.

3. Als Kaffeemaschinen aufkamen, gehörte aufgebrühter Kaffee der Vergangenheit an. Aus heutiger Sicht waren die Maschinen einfachste Geräte. Doch damals war eine Kaffeemaschine, die leise vor sich hin sprudelte und Kaffee von ganz alleine kochte, purer Luxus. Sie stand für Zeitgewinn, Lebensstil und Moderne. Man machte zwar schon in Italien Urlaub, aber auf die Idee, die dortige Kaffeekultur zu importieren, kam noch niemand. Klassische Kaffeemaschinen scheint es heute nur noch in Altersheimen, Frühstückspensionen und Büros zu geben. Literweiser Kaffeekonsum gehört genauso zum Büroalltag wie Tassen mit *Ich-bin-der-Boss*-Aufdruck. Gemahlener Filterkaffee, preisgünstige Filter und Kondensmilch, fertig ist das Magengeschwür.
4. In den 1980ern revolutionierten gläserne Kaffeebereiter zum Runterdrücken den Markt. Der Geschmack, den sie den gemahlenen Kaffeebohnen entlockten, war nicht mit dem der Kaffeemaschinen zu vergleichen. Viel intensiver, viel aromatischer, viel heißer war er. Jahrzehntelang war Kaffee nur Getränk und Wachmacher gewesen, nun wurde er zum Gesprächsthema. Wir begannen, über die korrekte Wassertemperatur, die Ziehzeit und die Drückgeschwindigkeit zu fachsimpeln. Gutes durfte auch teuer sein. Die Kannen waren nicht billig, aber besser als alles, was wir bis dahin kannten, und fortan aus unserem Leben nicht mehr wegzudenken.
5. Der nächste Paradigmenwechsel wurde Ende der 1990er eingeleitet. Italienische → Espressokannen aus Aluminium, die man auf den Herd stellt, waren längst etabliert, als wir begannen, Kaffee nicht mehr nur aus Porzellantassen zu trinken, sondern auch aus Pappbechern. Wir tranken überall: auf der Straße, im Park, in der U-Bahn, im Bus, im Kino, sogar im Wartezimmer. Dem

setzte die Kaffeemaschinen-Industrie große, elektrische Maschinen für den Privathaushalt entgegen, die Cappuccino, Schümli und Espresso kochen, Pads überbrühen und Milch schäumen konnten. Sie wandten sich an Kaffeegenießer und Connaisseure, die nach neuen Zubereitungsformen suchten, Leute die zuhause Kaffee wollten, der so schmeckt wie in Italien oder in einem der vielen *Coffee-to-gos*, die aus dem Boden gesprossen waren. Geschmacklich liegen Welten zwischen diesen Kaffees und dem der 1950er bis 1970er Jahre. Hat sich etwas Neues und Gutes erst mal etabliert, führt kein Weg zurück zum Alten und Schlechten, das einstmals neu und gut gewesen war. Das nennt man Fortschritt. Allerdings stehen heute in vielen Haushalten Kaffeeapparate, die leicht den Preis eines gebrauchten Kleinwagens erreichen. Ihre schiere Größe verdeutlicht anschaulich die Regel, dass Geld zu haben vor allen Dingen bedeutet, Platz zu haben.

Kaffeemühlen

Kaffeemühlen, die die Bohnen tatsächlich mahlen, sind teurer als solche mit einem Schlagwerk, das die Bohnen nur mit Hilfe eines kleinen Messers zerhäckselt. Sie haben aber zwei entscheidende Vorteile: Der Mahlgrad lässt sich manuell und nach eigenem Gusto einstellen. Und die Bohnen werden beim Zerkleinern nicht so heiß wie in einem Schlagwerk, wodurch sie nicht so viel von ihrem Aroma verlieren.

Kapselheber

Ob man es wirklich am Preis festmachen kann, sei ausnahmsweise mal dahingestellt. Fest steht: Kapselheber, mit denen man zwei, drei Anläufe braucht, ehe die Flasche offen ist, sind ein Unding.

Kartoffelstampfer

Da ein Kartoffelstampfer viel leisten muss, sollte er aus solidem, gut verarbeitetem Edelstahl sein. Ein fester Griff mit Abrutschschutz schützt die Hand bei etwaigen Unfällen. Außerdem sollte der Stampfer aus möglichst wenigen, möglichst großen Teilen bestehen. Drahtgeflochtene Stampfer mögen zwar niedlich aussehen, haben aber unzählige kleine Ecken und Nischen, in denen sich Kartoffel- und andere Reste festsetzen können.

Durch den Kauf eines guten Stampfers können Sie vielleicht schon bald in Anlehnung an einen berühmten Werbeslogan ausrufen: »Oma stampft wieder!«

Käsereiben

Wie anderer → Käse auch, wird → Parmesan mit zunehmendem Alter immer härter. Manche Laibe werden mit 12, andere erst mit 24 Monaten zum Verkauf angeschnitten, einige sogar noch später. Entsprechend stabil muss die Käsereibe sein, mit der man diesen Käse über die → Nudeln reibt. Das Metall darf nicht zu dünn sein, sonst hält es dem Druck nicht stand, die Reibe verbiegt und ihre Zähne werden eingedrückt. Sie sollte aus Metall sein, da dieses Material über die größte Stabilität verfügt. Plastikumrandete Reiben sind dazu verurteilt, irgendwann zu brechen. Brechen heißt wegwerfen. Wegwerfen heißt ärgern.

Knoblauchpressen

Wie fast alle Küchenarbeitsgeräte sollte auch eine Knoblauchpresse grundsätzlich aus Edelstahl sein. Kunststoff nimmt Fremdgerüche an. Eine gute Knoblauchpresse hat so wenig Noppen und Kleinteile wie möglich, in denen sich Knoblauchreste festsetzen können. Sie lässt sich passgenau öffnen und schließen und wackelt nicht hin und her. Lässt sich das Sieb aus dem Hobel herausklappen, muss man die festgequetschten Knoblauchreste nicht mühsam herauskratzen, sondern kann sie bequem unterm Wasserhahn ausspülen.

Kochtöpfe

Meine Cousine Hilde ist eine exzellente Köchin. Leider kommen wir nur selten in den Genuss ihrer Künste, da sie am liebsten alleine ist. Und isst.

Eines Abends wollte sie Nudelwasser abgießen, doch von der Hitze der Herdplatte und des Nudelwassers war der Topf so aufgeheizt, dass der Boden herausbrach und sich fünf Liter kochendes Salzwasser und zweihundert Gramm Hartweizennudeln auf Herd und Küchenboden verteilten. Hilde hielt nur noch den Topfrand an seinen Griffen in den Händen.

Mit einem guten Topf kann so etwas nicht passieren. Ein guter Topf ist unverwüstlich. Er hat einen dicken Boden, der nicht herausbrechen kann. Dieser Boden sollte einen Alu- oder Kupferkern besitzen, da diese Metalle Wärme schnell und gut leiten und im Topf verteilen. Deckel und Griffe sind angeschweißt und nicht angeschraubt, da Schrauben sich mit der Zeit lösen und sich Speisereste in ihren Ritzen sammeln.

Ein guter Topf ist schwer, damit er fest auf dem Herd steht und beim etwaigen Runterfallen nicht verbiegen kann. Der Deckel darf sich bei Hitze nicht verziehen und dadurch nicht mehr auf den Topf passen. Deckel mit einer Vertiefung am Rand halten die Wärme besser, weil der Dampf dort abperlt und zurück ins Kochgut fällt. Das ist gut, weil sich darin viele Aromastoffe befinden.

Die Verwandtschaft hat damals zusammengelegt und Hilde solch einen Topf gekauft. Ihr blieb gar nichts anderes übrig, als uns alle zum Pastaessen einzuladen.

Korken

Im grandiosen ersten Otto-Film rettet Otto seiner Angebeteten das Leben und bekommt von ihrer Familie zum Dank eine Flasche Wein geschenkt, einen 1889er Château Reibach. Damit kann Otto, der chronisch pleite ist, überhaupt nichts anfangen. Er will sie schon wegwerfen, was von einem heruntergekommenen Adligen, gespielt von Johannes Heesters, in letzter Minute verhindert wird. Dieser Connaisseur erkennt sofort, dass es sich um ein ganz besonderes Tröpfchen handelt, das zudem auf der letzten Weinauktion nicht weniger als 9776,50 Mark gebracht hat. Otto weiß jedoch nicht, was daran Besonderes sein soll: »Das ist doch ein Schrottwein. Der hat ja noch nicht mal einen Schraubverschluss.«

1985 waren Schraubverschlüsse in der Tat noch ein eindeutiges Zeichen für Fusel und teure Weine noch ausschließlich mit einem Naturkorken verschlossen. Heute wird von Naturkorken zunehmend Abstand genommen, da sie für bis zu fünf Prozent Ausschuss verantwortlich sind. Naturkork enthält nämlich Trichloranisol, einen Stoff, von dem schon fünf ppt (*parts per Trillion* bzw. Teile in einer Billion Litern) reichen, um einen Wein korkig schmecken zu lassen. Trotzdem ist es immer noch undenkbar, dass ein großer Bordeaux-Wein mit etwas anderem verschlossen wird als mit einem Naturkorken.

Ein guter, großer *Naturkorken*, der in teuren Bordeaux-Weinen steckt, kann bis zu zwei Euro kosten. Er ist fest und luftdicht und bröselt nicht, wenn der → Korkenzieher in ihn eindringt. Ein guter *Silikonkorken* kostet etwa einen Euro, ein *Schraubverschluss* Centbeträge. *Glaskorken* wiederum sind nur für Weine geeignet, die nicht lange lagern, da die Haltbarkeit des kleinen Silikonrings, der den Wein abdichtet, begrenzt ist.

Fazit: Junge und weiße Weine kann man ruhig mit Schraubverschluss kaufen. Bei älteren und teureren sollte man auf Naturkork achten.

Korkenzieher

Genau wie bei Menschen ist die Seele eines Korkenziehers unsichtbar. Die *Seele* ist der Raum, um den sich die Eisenspirale windet, die in den Korken gedreht wird. Mit ihm bohrt man nur ein dünnes Loch in den Korken, während ein billiges Gerät mit einem dicken Metallstift, an dem eine Spirale prangt, den Korken großflächig zerstört und zerbröselt. Er muss stabil, fest, handlich und aus Edelstahl sein.

Egal, ob man ein Kellnermesser, ein Taschenmesser, einen Flügel-, Hebel- oder einen Tischkorkenzieher benutzt – am wichtigsten ist vielleicht, keinen Fusel damit zu öffnen.

Küchenmesser

Mit einem winzigen Messer, bei dem eine dünne Klinge in einem viel zu kleinen Plastikgriff steckt, der sich noch nicht mal richtig greifen lässt, macht das Schneiden keinen Spaß.

Ein gutes Küchenmesser ist deshalb groß, schwer, lang und scharf genug, um mühelos → Rote Bete, → Emmentaler, → Parmesan, Zwiebeln und → Filet zu schneiden. Je dünner die *Wate* – die geschliffene Schneide des Messers – ist, desto schärfer ist es.

Ein gutes Messer ist aus einem einzigen Teil geschmiedet und besitzt einen bis ans Ende des Griffes ragenden *Erl*, an den der Griff genietet ist. An der Verbindung zwischen Griff und Klinge befindet sich eine Verdickung, die *Kropf* genannt wird und die Hand beim Schneiden schützt. Selbiges tut ein entgrateter *Rücken*, bei dem die Kanten abgerundet sind. Ist die Klinge leicht geschwungen, lässt sich damit im sogenannten Wiegeschnitt arbeiten.

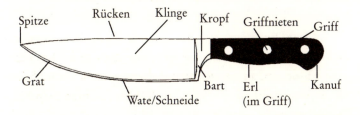

Je härter der Stahl, desto länger bleibt das Messer scharf. Stahl ist eine Eisen-Kohlenstoff-Legierung, die weniger als 2,06 Prozent Kohlenstoff enthält. Enthält sie mehr Kohlenstoff, handelt es sich um Gusseisen. Die Härte von Stahl wird in *Rockwell* gemessen. (Ja, genau so, wie der Sänger von *Somebody's watching me* hieß, einem Hit aus dem Jahr 1984, bei dem Michael und Jermaine Jackson den Refrain sangen. Falls Sie das an dieser Stelle interessiert.) Je mehr Rockwell ein Stahl hat, desto härter ist das Messer. Gute Messer fangen bei 56 Rockwell an und reichen bis 66 oder 68 oder mehr Rockwell. Sie sind geschmiedet und gehärtet – oft aus einem Chrom-Molybdän-Vanadium-Stahl. Chrom ist für Elastizität und die Rostfreiheit zuständig, denn das Messer darf auch nicht zu hart sein, weil es sonst brechen kann. Ein gutes Küchenmesser ist ein Kunstwerk, ein Freund und lebenslanger Wegbegleiter.

Küchenwaagen

Wie oft benutzt man eine Küchenwaage im Jahr? Zehn, zwanzig Mal vielleicht. Da tut es doch eine billige, könnte man meinen. So eine große, analoge mit Schüssel drauf. Tut sie aber nicht. Denn erstens ist die Rührschüssel meist aus bruchanfälligem Kunststoff, und dessen Lebenszeit ist begrenzt, und zweitens: Was tun Sie mit der Waage, wenn sie nicht benutzt wird? Also an den restlichen 345 Tagen des Jahres? Sie stellen sie in den Küchenschrank, wo vor lauter → Kochtöpfen, → Pfannen und → Kaffeemühlen gar kein Platz mehr ist. Wenn Sie nicht in einem Palast wohnen und auch kein Extraschuppen für Küchengeräte in Ihrem Garten steht, sollten Sie eine teurere, flache Küchenwaage nehmen, die überall hineinpasst. Die ist digital und hat eine *Tara-Funktion*, so dass man seine eigene Rührschüssel nehmen kann.

Küchenzeilen

Durch ausreichende Ernährung und gute medizinische Versorgung ist der durchschnittliche Mitteleuropäer in den letzten 50 Jahren immer größer geworden. Die meisten Spülschränke aber besitzen immer noch Vorkriegsmaße. Diese Kästen sind so niedrig, dass man nach einer Woche zum Orthopäden muss, weil der Rücken vom Spülen so wehtut. Sinnvoll ist es, die Zeile vom Handwerker aufstocken zu lassen. Oder gleich eine größere und teurere zu kaufen.

Kühlschränke

Angesichts steigender Strompreise und Umweltbelastungen ist nur ein energiearmer Kühlschrank ein guter Kühlschrank. 2011 führt die EU die neue Energieklasse *A+++* ein, die noch sparsamer sein wird als *A++* und *A+*. So einer muss es also sein. Außerdem hat ein guter Kühlschrank ein Eisfach, in dem man → Gin kaltstellen, Kräuter einfrieren und → Eiswürfel machen kann.

Mechanische Käsereiben

Ich wollte es wie die Italiener machen und kaufte eine mechanische Käsereibe aus rotem Plastik, in der sich eine Metallreibe drehte. Leider fiel schon nach einer Woche der

Gleitring am Ende der Reibe ab und ließ sich nicht mehr zurückstecken. Dadurch hatte die Reibe jedoch viel zu viel Spiel. Sie lief nicht mehr rund und rieb das rote Plastik ab. Als dann auch noch der Griff abbrach, warf ich sie weg. Wenig später fuhr ich nach Italien und wollte mir dort eine neue Drehreibe kaufen, diesmal aus Metall. Eine große wollte ich, in der ich den Parmesan auch aufbewahren konnte. Aber *alle* erklärten mir, dass man → Parmesan nicht in Edelstahl lagern dürfe, da das den Geschmack beeinflusse. Also kehrte ich nach Deutschland zurück und kaufte eine → Käsereibe aus festem Edelstahl. Und bin zufrieden.

Messer

Siehe → Brotmesser; → Küchenmesser; → Santoku-Messer.

Pfannen

Wie auch → Töpfe, dürfen Pfannen nicht zu leicht sein. Da sie großer Hitze ausgesetzt sind, müssen sie aus entsprechend strapazierfähigem Material bestehen.

Beschichtete Pfannen sind gute Allrounder, aber nicht zum Braten von Fleisch geeignet. Die besten Pfannen für → Filets sind geschmiedete Eisenpfannen, da man Eisen sehr hoch erhitzen kann. Selbst wenn eine Eisenpfanne leicht verbiegt, leitet sie die Wärme immer noch extrem gut.

Aluminiumpfannen sind zwar oft sehr leicht, verbiegen aber auch ebenso leicht. Wenn Sie eine Alupfanne kaufen, dann nur eine aus Druckguss, die in Form gegossen und nicht aus einem flachen Blech in Form gestanzt wurde. Damit es einem nicht so geht wie meinem Studienfreund Till, dessen billige Alupfanne am Griff einfach im 90-Grad-Winkel abknickte, woraufhin das Steak auf den Küchenboden klatschte.

Pfeffermühlen

Eine gute Pfeffermühle muss nicht gleich so groß wie eine Kalaschnikow sein, aber eine gewisse Größe und Griffigkeit sollte sie schon haben, damit es sich gut damit arbeiten lässt. Zu kleine Küchengeräte sind generell unpraktisch. Viele Mühlen haben ein schlechtes Mahlwerk: Manchmal sitzt es zu fest, meistens aber viel zu locker, es ist instabil, hat zu viel Spiel und lässt sich nicht richtig justieren. Gute Mahlwerke sind aus Eisen oder Keramik. Sie sind passgenau und behalten den einmal eingestellten Mahlgrad so lange bei, bis ein neuer gewählt wird. Plastik sollte bleiben, wo der Pfeffer wächst.

Reiben

Reiben, für die es in der Küche vielfältige Einsatzmöglichkeiten gibt, sollten grundsätzlich aus stabilem, rostfreiem Edelstahl sein. Sie müssen Muskat, Zitronenschalen und andere Zutaten reiben können. In Plastik Eingefasstes bricht früher oder später. Bei einer zu dünnen Platte können die Zähne verbiegen. Mit Gumminoppen versehene Füße geben beim Reiben zusätzliche Sicherheit, weil sie nicht so leicht abrutschen (siehe auch → Käsereibe).

Santoku-Messer

Die japanische Kultur ist eine schneidende, die europäische eine sägende. Deshalb müssen in Japan die Messer viel schärfer sein als bei uns. Gute japanische Messer bleiben fünfmal so lange scharf wie unsere herkömmlichen → Küchenmesser. Sie werden aus pulvermetallurgischem Stahl oder anderen Legierungen hergestellt und erreichen Härtegrade bis zu 68 Rockwell (siehe auch → Küchenmesser). Sie haben sehr viel dünner geschliffene Grate als unsere Messer und sind aus drei oder mehr Lagen geschmiedet, die man in ihrer unterschiedlichen Materialität am Klingenblatt erkennen kann. Weil der Stahl japanischer Messer kaum Chrom enthält, sind die Schneidegeräte jedoch korrosionsanfällig. Sie müssen immer wieder trockengewischt und dürfen nicht in der Spülmaschine gereinigt werden. Das berühmteste Messer Japans ist das Santoku. *Santoku* bedeutet »drei Tugenden« und verweist darauf, wie gut Santokus Fleisch, Fisch und Gemüse schneiden können. Sie haben immer einen Holzgriff.

Wer ein Santoku will, sollte sich eins aus Japan kaufen. Von hiesigen Messerherstellern angebotene japanische Messer haben zwar die japanische Form, sind aber nicht aus japanischem Stahl. Dann kann man gleich ein europäisches Messer kaufen.

Servietten

Gute Servietten sind aus Zelltuch. Papierservietten sind zu rau, dasselbe gilt für diese einblättrigen Teile, die man auf den Tresen Südeuropas vorfindet und die so gut wie kein

Fett und keine Flüssigkeit aufsaugen. Servietten dürfen auch nicht zu klein sein, denn welcher erwachsene Mensch hat schon Lippen in der Größe eines Puppenmundes?

Silikonbesteck

Alles, was ich wusste, war, dass Teflon angeblich ein Abfallprodukt der Raumfahrtindustrie ist. Und dass man in einer beschichteten Pfanne nicht herumkratzen darf, weil das die Oberfläche zerstört und dadurch gesundheitsschädigende Stoffe freigesetzt werden. Wofür man im Weltall Teflon braucht, wusste ich schon nicht mehr, als ich ins Kaufhaus ging, um mir einen Silikonschaber zu kaufen.

Rasch kam ein Verkäufer auf mich zu und fragte, ob er helfen könne. Ich erklärte, dass ich eine beschichtete Pfanne hätte und nach dem passenden Besteck suchte. Der hünenhafte Mann empfahl mir ohne Umschweife das teure Markenprodukt und wollte gerade dessen Vorzüge zu preisen beginnen, da sah ich, dass auf seinem Hemd das Emblem ebendieses Markenproduktherstellers prangte. In den meisten Kaufhäusern arbeiten heute ja keine klassischen Verkäufer mehr, sondern Angestellte, die von den Unternehmen, deren Ware verkauft wird, geschickt werden. Sofort wurde ich misstrauisch und unterstellte ihm, mich nicht objektiv beraten, sondern nur sein Produkt an den Mann bringen zu wollen. Er erwiderte, dass er mir ja trotzdem erklären könne, auf was zu achten sei. Das würde ich schon alleine schaffen, erklärte ich kategorisch. »Machen Sie doch, was Sie wollen«, sagte er müde und ließ mich stehen.

Plötzlich schämte ich mich. Der Mann machte doch nur seine Arbeit, wahrscheinlich sogar gut, sonst wäre er ja nicht hier. Und er kannte sich aus, im Gegensatz zu mir.

Wieso vermutet man überall Blender, Lügner und Betrüger, die ihre Ware schönreden und einem nur das Geld aus der Tasche ziehen wollen? Wieso liest man lieber dreißig langweilige Testergebnisse und achtzig widersprüchliche User-Meinungen, als sich mit einem einzigen kundigen Menschen zu unterhalten?

»Warten Sie«, rief ich schließlich.

Der Verkäufer blieb stehen.

»Erklären Sie mir bitte, auf was es ankommt.«

Als er erkannte, dass ich es mir nicht noch mal anders überlegen würde, kam er zurück. Und erklärte: Eine Pfanne kann sehr heiß werden, weshalb das wichtigste Kriterium von Silikonbesteck neben der guten Verarbeitung seine Hitzebeständigkeit ist. Preisgünstige Silikonlöffel bekommt man für Pfennigbeträge, sie vertragen die Hitze aber nicht sehr gut. Gutes Silikonbesteck hält Temperaturen von bis zu 270° C aus. Gut sind die, die aus einem einzigen Stück gefertigt sind.

Ich kaufte das hitzebeständigste Besteck der ganzen Abteilung. Es war das seiner Firma und fast doppelt so teuer wie die anderen. Ich koche heute noch damit.

Schneidebretter

Billige Schneidebretter sind meist aus Polyethylen und neigen nach dem Schneiden zur Verfärbung und nach der Reinigung in der Spülmaschine zur Wellenbildung. Dickere Bretter aus geschäumtem, hochwertigem Kunststoff nicht. Je dichter das Material, desto weniger anfällig ist es für Fremdgerüche und Bakterien. Bei Holzbrettern halten harte Hölzer wie Olive oder Birne wesentlich länger und sind auch hygienischer. Aus mehreren Teilen zusammengeklebte Holzbretter dagegen brechen irgendwann auseinander. Aber man kann sie immer noch im Kachelofen verbrennen.

Schöpflöffel

Kochgeräte sind sehr empfindlich. Aufgesteckte und verklebte Griffe aus Holz oder Plastik können herausbrechen. In der Kante zwischen Stiel und Holz- oder Plastikgriff setzen sich Speisereste ab. Das Gleiche passiert an der Löffelschale, auch *Laffe* genannt, wenn diese nur angenietet ist. Und fällt der Löffel mal auf den Boden, kann er verbiegen. Damit all das nicht passiert, sollte der Schöpflöffel aus einem einzigen und massiven Stück Edelstahl gezogen sein, dessen Laffe einen gebogenen Schüttrand hat, der tropffreies Schöpfen ermöglicht.

Spätzlehobel

Der Spätzlehobel steht exemplarisch für andere Küchengeräte wie Reiben, Siebe, Apfelspalter oder Pizzaschneider: Aufgesetzte, angeklebte, eingeklickte oder anderweitig angebrachte Plastikgriffe sind tabu! Ein Spätzlehobel ist starken Druckkräften ausgesetzt, entsprechend robust muss das Gerät sein. Je massiver die Verarbeitung, desto sicherer das Arbeiten. Je weniger Teile vorhanden sind, desto weniger kann ab- oder rausbrechen. Und: Je dicker der rostfreie Edelstahl, desto weniger verbiegt er. Und desto leckerer schmecken die Spätzle.

Spülmittel

Gehört zu den Dingen, bei denen man mehr bezahlen muss, wenn sie nicht penetrant nach *Zitrusfrische* oder anderen exotischen Pseudodüften riechen sollen.

Spülschwämme

Als junger Mann kaufte ich Spülschwämme nur im Zehnerpack. Sie waren bunt und kosteten so viel wie ein einziger. Irgendwann kam heraus, dass zu ihrer Herstellung tonnenweise umweltschädliches FCKW verwendet wurde. Ich empörte mich, setzte meinen Namen auf Unterschriftenlisten zum Erhalt der Ozonschicht, zwang meine Eltern, FCKW-freie Schwämme zu benutzen – und kaufte weiter meine Zehnerpacks. Umweltzerstörung waren immer die anderen, genauso wie CO_2-Ausstoß und Lungenkrebs. Denn die Zehner-Schwämme waren billig. Sie waren zwar auch furchtbar dünn und weich und nach wenigen Spülvorgängen völlig ausgeleiert, doch Ersatz war ja immer da. Auch dass sich die raue Bürstenseite binnen Tagen auflöste, machte mir nichts aus. So merkte ich jahrelang nicht, dass ich all das Geld, das ich gegenüber den Zweierpacks sparte, bei den Zehnerpackungen wieder verlor.

Heute erfreue ich mich jeden Tag an den Qualitätsschwämmen, auf die ich irgendwann umgestiegen bin. Sie sind lange haltbar, haben gute Wisch-, Saug- und Bürsteigenschaften und eine dünne fensterlederartige Extraschicht, um glatte Flächen abzuwischen. Wenn ich sie aus hygienischen Gründen mal in die Waschmaschine stecke, kommen sie nicht völlig ausgeleiert wieder raus. FCKW-frei sind sie mittlerweile auch.

Stabmixer

Die essentiellen Teile eines Stabmixers sind aus Metall und nicht aus Kunststoff. Das Rührteil muss sich fest und sicher mit dem stromführenden Oberteil verbinden lassen, denn an dieser Stelle leiern Stabmixer gerne aus. Er sollte 400–450 Watt haben, damit man mit ihm nicht nur Sahne, sondern auch Brotteig verrührt bekommt. Aus den seitlichen Öffnungen im Kopf des Rührteils, der das Drehmesser umschließt, kann es sehr stark herausspritzen. Ratsam ist deshalb ein wellenförmig geformter Kopf.

Teigschaber

Wenn Sie einen Teigschaber suchen, der hitzebeständig, geschmacksneutral und unempfindlich gegenüber Fett, Öl und Säuren sein soll, nehmen Sie einen aus Silikon.

Toaster

Hunger, Ungeduld und keine Zeit – das sind die drei Gründe, weswegen Menschen Toastbrotscheiben schon vor dem termingerechten Auswurf haben wollen. Also ruckeln sie hektisch am Toaster herum, was dazu führt, dass irgendwann der Hebemechanismus kaputtgeht. Mit einer zusätzlichen *Cancel*-Taste kann das nicht passieren. Außerdem sollte ein Toaster eine Leistung von 900 Watt haben – es soll ja schnell gehen – sowie eine Abschaltautomatik, die man im Falle einer eingeklemmten Brotscheibe gut brauchen kann.

Topflappen

Mit meinem letzten Topflappen habe ich mir die Finger verbrannt. Es war ein Werbegeschenk eines italienischen → Nudelherstellers. Der verdammte Mistlappen war für die Hitze, die die Kasserolle nach zwei Stunden im 180° C heißen Ofen entwickelt hatte, einfach viel zu dünn. Gott sei Dank hatte ich am Vorabend meine → Eiswürfelbeutel frisch aufgefüllt.

Wasserkocher

Es ist erstaunlich, wie viele verschiedene Wasserkochermodelle es gibt – im Gegensatz etwa zum Entsafter oder zum Fleischwolf. Folgende Merkmale sollte ein Wasserkocher aufweisen, damit aus ihm ein guter Wasserkocher wird:

- Er hat mindestens 2400 Watt, eher mehr.
- Er muss aus Metall sein, nicht aus Kunststoff.
- Der Topf selbst wird aufgeheizt und nicht eine extrem kalkanfällige Heizspirale
- Er schaltet sich automatisch aus, wenn das Wasser kocht.
- Im Ausguss befindet sich ein feines Kalksteinsieb.
- Der Kochbehälter ist vom Bodenteil, das mit Strom versorgt wird, abnehmbar. Sonst kann das dicke Stromkabel alle Tassen, Tee-, Kaffee- und Zuckerdosen, die in seiner Nähe sind, wie eine Sense ummähen.
- Es lassen sich verschiedene Maximaltemperaturen einstellen, um Tütensuppen, Tee oder Kakao auch mit weniger heißem Wasser übergießen zu können.
- Er hat einen 360°-Zentralkontakt, das heißt, man kann den Kocher von allen Seiten auf das Bodengerät stellen. Das erleichtert nicht nur Linkshändern die Benutzung.

Weingläser

Glauben Sie niemandem, der behauptet, der Geschmack eines guten Weins könne sich unabhängig vom Glas entfalten. Weinkenner wissen, dass das nicht stimmt. Ein Weinglas muss klar und ungefärbt sein, damit die Farbe des Weins unverfälscht zu erkennen ist. Es hat keinen Rollrand, damit sich der Wein nicht schon dort verteilt, sondern erst im Mund. Es sollte möglichst dünnwandig sein, damit es die Temperatur des Rebensafts nicht beeinflusst und der Kontakt unmittelbar erfolgen kann. Ein langer Stiel ist wichtig, damit die Hand den Kelch nicht berührt und so das Getränk erwärmt. Auch kann so etwaiger Geruch der Hände den Genuss nicht beeinträchtigen. Ein gutes Weinglas liegt immer gut in der Hand, egal, ob es voll, halbvoll oder leer ist. Die *Kelchform* selbst hängt allerdings vom Wein ab, der getrunken wird:

Rotwein   Gut ist ein großer, bauchiger Kelch, um den Wein zu schwenken; so können sich die Aromastoffe frei entfalten.

Weißwein   Seine filigranen Aromen erfordern einen kleineren Kelch, in dem sie sich nicht verlieren.

Sekt   Lange, schmale Kelche können die Kohlensäure länger halten, da sie eine kleine Oberfläche haben. Sie sind Sektschalen immer vorzuziehen. Idealerweise haben Sektgläser einen kleinen, in den Boden eingeschliffenen Moussierpunkt, an dem sich das gelöste Kohlendioxid brechen und aufsteigen kann.

Dessertwein   Damit sich das intensive Aroma des Dessertweins im Mundraum entfalten kann, muss das Glas eher klein und kompakt sein.

Zitruspressen

Die Rippen einer Zitruspresse müssen ausgeformt genug sein, damit sie eine Zitrusfrucht auch tatsächlich entsaften können. Sie ist aus Glas, Keramik oder Porzellan. Nicht aus Plastik. Das bricht, leiert aus und wird von der Fruchtsäure angegriffen.

Kleidung & Accessoires

Brillen

Ist Ihnen auch schon aufgefallen, dass Brillen, deren Markenname nicht auf der Außenseite ihrer Bügel steht, oft mehr Geld kosten als die, bei denen das so ist? Es ist ein Mehrwert, nicht Reklame zu laufen und permanent auf die Marke hinzuweisen, die man trägt.

Ob mit oder ohne Markenname – Gestelle werden meist aus Acetat hergestellt. Für diesen Kunststoff wird weißes Baumwollpulver mit Alkohol und Aceton zu einem homogenen Teig gerührt, dem Farbstoff beigemengt wird. Das Ganze wird zu Platten gewalzt und dann zu Blöcken gepresst, aus denen man schließlich die Brillengestelle schneidet. Acetat ist eine gute Sache, hat nur einen entscheidenden Nachteil: Mit der Zeit wird es brüchig.

Wieder einmal liefert Mutter Natur ein Material, das wesentlich langlebiger ist: Horn. Also die Hörner von Rindern, Hirschen und anderen Geweihträgern. Es hat eine sehr lange Lebensdauer; denken Sie an die vielen Stierschädel, die über Farmen im Wilden Westen hängen, oder an die Hirschgeweihe in Försterstuben und Landschlössern.

Da jedes Horn seine eigene Maserung hat, ist jede Hornbrille ein echtes Unikat. Wenn Sie unbedingt wollen, können Sie auch eine nehmen, auf der der Markenname auf den Bügeln steht.

Brillenetuis

Weiche Taschen aus Kunststoff, wie man sie vom Optiker meist geschenkt bekommt, schützen eine → Brille lediglich vorm Zerkratztwerden. Hartschalenetuis, für die man bezahlen muss, schützen sie auch beim Werfen, Runterfallen und vor dem Zertretenwerden.

Cordhosen

Cordhosen ist ihr kommendes Ende schon eingenäht. Denn ihr Flor – so heißen die feinen Cordstreifen – löst sich früher oder später auf. Bei Cordhosen mit beigemischtem Polyester geschieht das rascher als bei reinen Baumwollcordhosen. Cordhosen ohne Flor sind aber im Grunde keine Cordhosen mehr, und Cordhosen, auf denen die Hälfte des Flors fehlt – gern im Oberschenkelbereich –, sehen abgeranzter aus, als sie es womöglich sind. Während Cord in Österreich auch *Schnürlsamt* heißt, nennt man Cordhosen in der Schweiz *Manchesterhosen*. Umgekehrt spricht man dort aber nicht vom Cordhosenkapitalismus.

Feinstrumpfhosen

Ein geübtes, meist weibliches Auge erkennt gute Feinstrumpfhosen daran, dass sie fest sind, gleichmäßig aussehen und der Stoff und die Nähte sauber verarbeitet sind. Ihr Bündchen ist nicht so schmal, dass es am Bauch unangenehm drückt, und ein Laufmaschenstopp verhindert, dass sich eine Laufmasche ihren Weg über die ganze Strumpfhose bahnen kann. Welche mit einer Garnstärke von 40 den halten wesentlich länger und wärmen außerdem, sind aber nicht so transparent wie solche mit 15 oder 20 den. Kommt also darauf an, was frau will.

Geldbörsen

Das, wo Geld drinsteckt, muss auch Geld kosten. Eine gute Geldbörse ist nicht aus Spaltleder oder einem Abfallprodukt der Lederindustrie hergestellt, sondern aus Vollleder. Sie ist fest und trotzdem biegsam, funktional und gut verarbeitet, hat mindestens sechs Kartenfächer und ist groß genug, um einen 100-Euro-Schein in voller Größe in sich aufzunehmen. Hersteller guter Börsen geben oft nicht nur ein, sondern zwei Jahre Garantie.

Gürtel

Für die einen ist ein Gürtel nichts weiter als ein modisches Accessoire, für die anderen hält er Leib, Leben und Hose zusammen. Jahrelangen Tragespaß und -komfort bieten nur solche Gürtel, die aus dickem Vollrind- oder anderem echten Leder gefertigt sind und mindestens eine Naht an der Kante haben – am besten eine doppelte. Diese Nähte geben dem Lederstreifen hinreichend Stabilität und schützen die Kante davor, zu verbiegen, abzubrechen oder abzuwetzen. Die Schnalle muss gut vernietet sein. Am Design der Letzteren scheitern leider immer noch viel zu viele Gürtel.

Handschuhe

In manchen Kunststoff-Fütterungen stinken die Hände schon nach wenigen Stunden, als würde man seit Jahrzehnten in einer Käserei arbeiten. Gute Handschuhe sind aus atmungsaktivem, geschmeidigem, weichem, zügigem Leder, das sich der Hand optimal anpassen kann. Es stammt von Lamm, Ziege, Schaf, Reh, Hirsch, Rentier oder Schwein. Natürlich nutzt das beste Leder nichts, wenn es nicht gut verarbeitet ist.

Herrenhandtaschen

Sind Sie ganz sicher, dass Sie diesen Artikel wirklich brauchen?

Jeans

Weil der Mensch sich ständig bückt, beugt, streckt, setzt und wieder aufsteht, sind die Hosen, die er dabei trägt, extremen Strapazen ausgesetzt – besonders an der Gesäßnaht. Das ist die Naht, die mittig von oben nach unten geht und die Hosenteile am Allerwertesten zusammenhält. Bei guten Jeans ist sie deshalb zweifach genäht. Da die Gesäßtaschen leicht an Türklinken und Ähnlichem hängenbleiben und ausreißen, ist es wichtig, dass die Taschen-Ecken mit einer verstärkten Naht oder Nieten versehen sind.

Stonewashed Jeans werden in großen Maschinen gewaschen, die tatsächlich mit Steinen befüllt wurden. Dass das der Haltbarkeit der Hose eher abträglich ist, weil es dem Stoff zu sehr zusetzt, kann man sich bildhaft vorstellen. Jeans, denen Polyester beigemischt wurde, passen sich zwar sehr gut an den Körper an, aber ebendieses Polyester sorgt dafür, dass diese Hosen nicht so lange halten wie reine Baumwolljeans. Man kriegt sie auch nicht so schnell aus, wenn man es mal eilig hat. Auf dem Klo etwa, oder (wichtiger noch) beim Sex.

Jersey-Shirts

Das, was für ein Jersey-T-Shirt spricht, kann gleichzeitig seine Verdammnis sein: die Elastizität. Denn ein Stoff, der so gedehnt werden kann wie Jersey, ist zwangsläufig starken Belastungen ausgesetzt. Deshalb haben gute Jersey-Shirts eine doppelte Naht, die flexibler und strapazierfähiger ist als eine einfache. Man erkennt diese zwei nebeneinanderlaufenden Nähte, wenn man das T-Shirt auf links dreht.

Kaschmirpullis

Jedes Kind weiß, dass Kaschmir die kostbarste Wolle der Welt ist. Sie wird aus dem Unterhaar der chinesischen und mongolischen Hyrcus-Ziege herausgekämmt und gilt als eines der weichsten, leichtesten, geschmeidigsten, langlebigsten Textilmaterialien überhaupt. Sie ermöglicht einen extrem guten Wärmeaustausch. Ein Tier liefert pro Jahr nur etwa 100 Gramm Kaschmirwolle. (Noch rarer ist *Babykaschmir* – die Wolle aus der ersten Kämmung der Jungtiere zwischen ihrem dritten und zwölften Lebensmonat.)

Weil das so ist, fragt sich auch jedes Kind, wie Kaschmirpullis immer wieder auf den Wühl- und Grabbeltischen landen können. Liebe Kinder, lasst euch sagen: Je länger das Haar der Hyrcusziege, desto stabiler ist der Faden, der daraus gesponnen werden kann. Die besten Haare haben einen Durchmesser von höchstens 15,5 Mikrons. Ein Mikron ist ein tausendstel Millimeter (ein Menschenhaar hat einen Durchmesser von 75 Mikrons). Für gute Kaschmirpullis werden also nur die längsten und feinsten Ziegenhaare verwendet. Der Rest wird aussortiert oder landet, gemischt mit anderer Wolle, in den Kaschmirpullis vom Wühltisch.

Je mehr Fäden ein Kaschmirpulli enthält, desto ausgeprägter ist seine Weichheit. Die meisten Kaschmirpullis sind zweifädig, dann kommen die vierfädigen. Am dicksten, weichsten, seltensten und besten sind sechs- bis zwölffädige Kaschmirpullis. Allerdings sollte man die nur im Winter tragen. Im Sommer schwitzt man sich darin zu Tode.

Kleiderbügel

In viel zu vielen Kleiderschränken hängen Hemden auf den Drahtbügeln, auf denen ihre Besitzer sie in der → Reinigung abgeholt haben. Dabei sollten Blusen und Hemden genau wie Jacken, Sakkos und Mäntel auf stabilen, breiten Bügeln hängen. Diese verhindern, dass es an den Kleidern zu Kanten, Nasen und Ausbuchtungen kommt. Holz ist dabei zwar schwerer als Plastik, hält aber auch viel länger. Und es altert schöner.

Perlen

Nichts, so heißt es, unterstreicht die Schönheit einer Frau so sehr wie eine kostbare Perlenkette. Wer es ausprobieren will, kann das mit Kunstperlen, Zuchtperlen oder Naturperlen tun.

Kunstperlen werden aus Glas, Keramik, Kunststoff oder einer Muschelschale hergestellt. In Brillanz und Leuchtkraft reichen sie jedoch nicht an die beiden anderen Arten heran. Man kann sie ganz leicht erkennen: Reibt man sie vorsichtig an den Zähnen, fühlen sie sich weich an. *Zuchtperlen*, auch *echte Perlen* genannt, fühlen sich dagegen leicht rau an – genau wie Naturperlen. Beide entstehen, wenn ein Fremdkörper in eine Auster oder Muschel eindringt, worauf diese mit der Bildung von Perlmutt reagiert. Perlmutt ist eine Mischung aus Kalziumkarbonat und organischen Stoffen, die sich über den Fremdkörper legt und langsam zur Perle heranreift. Faktoren wie geografische Region, Süß- oder Salzwasser und Größe und Form des Fremdkörpers bestimmen Form, Größe und Farbe der späteren Perle. Während für Zuchtperlen gezielt ein Fremdkörper in die Muschel eingesetzt wird, wachsen *Naturperlen* ohne solche Eingriffe heran. Bei der Süßwasserzüchtung kann man pro Auster bis zu 50 Perlen züchten, im Salzwasser nur bis zu fünf. Da Letztere meist mehr glänzen und mehr Strahlkraft haben als die aus Süßwasser, sind sie begehrter und auch teurer. Weil Naturperlen sehr selten sind, sind sie am teuersten. Ein Mann, der sowohl die Schönheit seiner Frau unterstreichen und ihr gleichzeitig zeigen will, wie viel sie ihm bedeutet, sollte also Naturperlen schenken.

Regenjacken

Von Produkten mit der Aufschrift *wasserabweisend, feuchtigkeitsabweisend* und Ähnlichem sollten man Abstand nehmen. Nur *wasserdicht* beziehungsweise *waterproof* gilt. Sonst kann man auf Wanderungen, Reisen und Spaziergängen sein nasses Wunder erleben. Eine wasserdichte Regenjacke sollte aber nicht einfach nur aus Plastik bestehen, denn darunter kann es zu lebensgefährlichen Schwitzattacken kommen. In Frage kommt also nur eine besonders atmungsaktive Jacke, die aus einer Membran – *Gore-Tex* oder *Sympatex* – hergestellt oder damit beschichtet ist. Sie hat verschließbare Lüftungsschlitze an den Seiten und unter den Ärmeln. Die Kapuze muss ebenfalls wasserdicht und verstellbar sein. Sie sollte nur wenige, versiegelte Nähte haben, da das die Schwachstellen bei Regen sind. Vor zu vielen Nähten und Reißverschlüssen wird also gewarnt. Wenn die Jacke dann auch noch einigermaßen gut aussieht (was keinesfalls selbstverständlich ist), umso besser. Zu guter Letzt sollte die Jacke leicht sein, damit man nicht zu viel Gewicht mit sich herumschleppen muss. Völlig klar, dass eine gute Regenjacke – schön, leicht, wasserdicht und luftdurchlässig – in der Herstellung nicht ganz billig ist.

Regenschirme

Das kennt man ja. Da flaniert man gemütlich durch eine fremde Stadt, und plötzlich geht ein Regenschauer nieder. Die Erwachsenen eilen unter Vordächer und die Kinder springen in Pfützen. Jetzt kommt die Stunde der Regenschirmverkäufer. In Südeuropa tauchen sie schon wenige Augenblicke nach den ersten Tropfen auf. Fünf Euro kostete ein Regenschirm bei meinem letzten Besuch in Neapel. Da es heftig schüttete, spannte ich ihn sofort auf. Aber er war schlecht verarbeitet und riss gleich an zwei Stellen. Dasselbe passierte mit dem zweiten und dem dritten. Beim vierten wählte ich die nächsthöhere Preiskategorie, erst der fünfte war voll funktionsfähig. Wahrscheinlich hat der Verkäufer trotzdem noch ein gutes Geschäft gemacht.

Ein guter Regenschirm sollte aus hochwertigem Polyester sein – nur so ist er auch völlig wasserundurchlässig. Er reißt an den Nähten nicht auf und seine Gestellenden sind fest mit dem Tuch vernäht. Er besitzt ein stabiles Gestell aus gehärtetem Stahl; einzelne Stangen, die zweifach übereinander geführt werden, sind besonders windstabil. Ein gewölbtes Schirmdach, das auch nach Jahren des Auf- und Zumachens nicht kaputtgeht und auch heftigeren Windböen standhält, zeichnet den hochwertigen Schirm aus. Er ist groß genug, dass er auch zwei Personen Schutz bietet. Der perfekte Regenschirm würde außerdem auf sich aufmerksam machen, wenn man im Begriff ist, ihn in der U-Bahn oder im Restaurant zu vergessen. Und sich in Luft auflösen, wenn der Regen wieder vorbei ist.

Reinigungen

Manche Reinigungen waschen und bügeln ein Hemd für 99 Cent. Dafür darf man sogar den → Kleiderbügel behalten. Dieser Preis ist möglich, weil die Hemden maschinell gewaschen und anschließend nicht von Hand gebügelt, sondern gepuppt werden. Das heißt, sie werden auf einen puppenartigen Körper gesteckt, aus dem heiße Luft gepresst wird, die das Hemd glättet. Dieser durchtechnologisierte Vorgang ist zwar günstiger, aber auch nachhaltiger in der Zerstörung des Stoffes. Denn die Hemden sind dauerhaft so viel Druck von innen ausgesetzt, dass der Stoff sich dehnt, reißt und die Nähte sich irgendwann auflösen. Deswegen sind Reinigungen, in denen von Hand gebügelt wird, in jedem Fall vorzuziehen. Das dauert länger, ergo sind handgebügelte Hemden teurer als gepuppte. Dafür halten sie aber auch bis zu dreimal so lange wie diese.

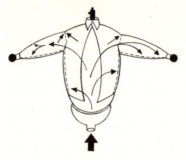

Wäre es nicht schön, wenn man auch Menschen puppen könnte, nach dem Aufwachen zum Beispiel? Oder nach dem Älterwerden?

Schuhe

Bei guter Pflege kann man einen guten Schuh jahrzehntelang tragen. Ein guter Schuh ist aus Leder. Innen und außen. Leder ist ein Naturstoff, der strapazierbar ist und sich im Lauf der Zeit optimal der Fußform anpasst. Das Oberleder sollte dabei nicht verklebt oder verschweißt sein, denn das nimmt Schuh und Fuß die Luft zum Atmen. Aus denselben Gründen sollte die Sohle vernäht und nicht verklebt sein. Schuhe mit einer Kunststoffsohle laufen sich niemals so gut ein wie solche mit Ledersohlen. Das Sohlenleder sollte hart und biegsam zugleich sein.

Viel zu viele Sohlen aus Kunststoff enthalten PAKs, die als krebserregend gelten, wie das Bundesamt für Verbraucherschutz unlängst herausfand.

Warnung! Finger weg von Schuhen, die zwar preisreduziert, aber eine Nummer zu klein sind. Diese Art von

Schnäppchen rechnet sich nie. Denn Sie werden es nicht schaffen, diese Schuhe so lange zu tragen, bis sie sich weit genug gedehnt haben.

Schuhspanner

Schuhspanner aus Holz sind brauchbarer als die aus Plastik. Und teurer. Ein Schuhspanner hat nämlich nicht nur die Aufgabe, den → Schuh in Form zu halten, sondern auch, die Flüssigkeit, die sich während des Tragens in seinem Leder angesammelt hat, herauszuziehen. Also Fußschweiß, Schnee und Regenwasser. Dazu altert der aus Holz mit Würde und sieht auch nach Jahrzehnten noch sehr schön aus. Das schafft einer aus Plastik nun mal nicht.

Schuhspanner, die vorne einen abgerundeten Holzkeil und hinten eine Kugel haben, die mit einer Stahlfeder in die Ferse gedrückt wird, sind gut. Ratsam sind aber die Modelle, deren Holzteile den Schuh komplett ausfüllen und nur in der Mitte durch eine Feder miteinander verbunden sind, da sie die Ferse des Schuhs nicht punktuell belasten.

Wenn Ihnen das nächste Mal in Gesellschaft langweilig ist, achten Sie doch mal auf die Schuhe der Menschen um Sie herum. Mit ein bisschen Übung erkennt man, wer keinen Schuhspanner benutzt, wer einen mit Kugel und wer einen Vollspanner hat.

Socken

Gute Socken müssen fest genug sitzen, um nicht zu rutschen, aber nicht so fest, dass sie drücken. Sie dürfen auch nach mehrmaligem Tragen und Waschen nicht ausleiern (das ist besonders im Winter wichtig, wenn man Kniestrümpfe trägt). Zudem enthalten gute Socken keinen oder nur sehr wenig Kunststoff. Polyester hält zwar die Passform, ist aber seiner schweißtreibenden Eigenschaften wegen tabu. Neuere Entwicklungen nehmen sinnigerweise auf die unterschiedliche Anatomie des linken und rechten Fußes Rücksicht.

Außerdem sollten Socken an der besonders beanspruchten Ferse und an den Zehen verstärkt und so gut verarbeitet sein, dass sie dort keine Löcher bekommen. Sonst kann es einem wie dem ehemaligen Weltbankpräsidenten Paul Wolfowitz gehen, der vor dem Besuch der Selimiye-Moschee im türkischen Edirne seine Schuhe ausziehen und der ganzen Welt zeigen musste, wie groß die Löcher in seinen Socken waren. Wie ein beschämter Junge stand er da und vermied jeden Blickkontakt mit den anwesenden Journalisten und ihren Kameras.

Strohhüte

Die meisten Strohhüte, die ich bisher getragen habe, gingen rasend schnell kaputt. Innerhalb kürzester Zeit bildeten sich an allen fünf Ecken Löcher, die bei jedem Auf- oder absetzen größer wurden und im Wilden Westen glatt als Einschusslöcher durchgegangen wären.

Nun habe ich endlich einen Strohhut gefunden, der länger hält als nur einen Sommer. Er stammt von einem italienischen Hersteller und war entsprechend nicht ganz billig. Dafür ist er wasserabweisend und knautschfest. Ich kann ihn in die → Reisetasche stecken, ohne dass er seine Form verliert. Das Geheimnis der Haltbarkeit meines neuen Hutes ist sein Material: Er ist nicht aus Stroh, sondern aus

Papierstroh. Dieses Strohimitat, das auch unter dem Namen *Toyo* bekannt ist, wird aus Viskose hergestellt.

Meinen letzten Strohhut trägt jetzt mein fünfzehnjähriger Neffe. Er gefällt ihm aus denselben Gründen, aus denen ich ihn wegwerfen wollte: weil er zerbeult, löchrig und kaputt ist.

T-Shirts

Baumwolle ist ein tolles Material. Sie ist leicht, lässt sich gut verarbeiten, ist luftdurchlässig, kühlend und kann 65 Prozent ihres Eigengewichts an Feuchtigkeit speichern, ohne zu tropfen. Deshalb haben Textilien aus Baumwolle so einen hohen Tragekomfort.

Trotzdem wird vielen T-Shirts Polyester beigemischt, weil Polyester nicht so sehr knittert. Und billiger ist als Baumwolle. Doch Polyester besitzt den entscheidenden Nachteil, dass er den Wasseraustausch erschwert, der Körper also leichter schwitzt. Ganz abgesehen davon, dass Baumwolle ein – zwar behandelter – natürlicher Stoff ist, der in der Natur auch wieder verrottet. Polyester dagegen ist ein Kunststoff, der nicht wieder verschwindet. Auf diesen T-Shirts kann es außerdem zum *pilling* kommen, der Bildung kleiner Stoffkrümelchen oder Fussel. Diese kann man nur mit einem → Fusselrasierer entfernen und auch das nicht hundertprozentig.

Je kleiner der Stich des Stoffes, also je enger zusammen die Löcher sind, desto höher ist die Qualität des T-Shirts. Leider lässt sich das mit bloßem Auge kaum erkennen. Und leider werden Textilien heute so präpariert, dass sie im Laden schön aussehen und man nicht sehen kann, ob sie nach dreimal Waschen ausleiern, eingehen oder ihre Form und Farbe behalten. Es kann sich aber jeder ausrechnen, dass T-Shirts, die für Centbeträge hergegeben werden, nicht wirklich gut, geschweige denn langlebig sein können. Ob die vielen Männer und Frauen, die heute unvorteilhafterweise bauchfrei tragen, ursprünglich ein ganz normales T-Shirt gekauft hatten, das ihre Körpermitte einst vollständig bedeckte?

Unterwäsche

Unterwäsche wird meist mit ihren erotischen Qualitäten beworben und selten mit ihrer Alltagstauglichkeit. Dabei hat es die Sinnlichkeit oft schwer, sich zwischen Arbeiten, Einkaufen, Putzen, Aufräumen, Kochen, Waschen und → Kinder in die Schule bringen zu behaupten. Gute, alltagstaugliche Unterwäsche ist elastisch und belastbar. Sie zwickt nicht im Schritt und drückt nicht am Bauch oder an den Schenkeln. Gummibündchen und Nähfäden sind auch nach dem zwanzigsten Mal Waschen nicht ausgeleiert. Nähte zeichnen sich nicht ab, auch nicht in engen Jeans. Auf Qualität bedachte Hersteller unterziehen ihre Materialien langen Testreihen, in denen sie auf all diese Eigenschaften hin geprüft werden. Falls sie dann auch noch funktioniert, wenn einen die Erotik zwischen Geschirrspülen und Bettenbeziehen doch noch übermannen oder -frauen sollte, hat man es mit absoluter Top-Qualität zu tun.

Luxus & Leidenschaft

Callboys

Die teuren Callboys sind wesentlich besser als die billigen. Sie sehen besser aus, sind cooler, klüger, niveauvoller, belesener, agiler und auch – so heißt es – erotisch versierter. Auch sind regelmäßige Gesundheitschecks hier obligatorisch.

Callgirls

Die teuren Callgirls sind wesentlich besser als die billigen. Sie sehen besser aus, sind cooler, klüger, niveauvoller, belesener, agiler und auch – so heißt es – erotisch versierter. Sätze wie »Na, Süßer, wie wär's mit 'ner Nummer?« oder »Mach hin, der Nächste wartet schon« hört man von ihnen ebenfalls nicht. Wie bei → Callboys sind regelmäßige Gesundheitschecks auch hier obligatorisch.

Gebügelte Zeitungen

In Schlössern und vornehmen Hotels bügeln Butler die Zeitung, ehe sie sie ihrem Herrn respektive Gast zum Lesen überreichen. Was uns Normalsterblichen auf den ersten Blick als unsinnig und dekadent erscheint, entpuppt sich beim zweiten Hinsehen als gar keine schlechte Sache. Denn wie oft bekommt man eine Zeitung so zerknittert, zerlesen und falsch zusammengelegt überreicht, dass man sie nicht mehr anfassen will, geschweige denn die Lektüre noch Spaß macht? Mit Zeitungen verhält es sich wie mit → Eiscreme und → Toilettenbrillen. Am schönsten ist es, wenn vorher keiner dran war.

Kaviar

Muss es nicht immer sein. Wenn doch, dann ist der *Beluga* der beste. Er stammt vom Beluga-Stör, hat dünnwandige, anthrazitfarbene Körner mit einem Durchmesser bis 3,5 mm und einen mild-sahnigen Geschmack. Guter Kaviar muss frisch sein. Nur dann perlt er locker und hat eine zarte Haut.

Die verschiedenen Kaviar-Sorten sind:

Kaviar	*Konsistenz*	*Farbe*	*Geschmack*	*Korndurchmesser*
Sevruga	dünnschalig	mittel- bis stahlgrau	feinwürzig; kräftig	2 mm
Osietra	festes Korn	graubraun bis golden	fein-nussig	> 2 mm
Beluga	dünnwandige Körnung	silbergrau bis schwarz	fein-sahnig	2–3,5 mm
Imperial	großkörnig	gold-/ hellfarben	feinwürzig	2–3,5 mm

Kobe-Fleisch

Von allen Haustierrassen, die zum späteren Verzehr gehalten werden, führt das Kobe-Rind wohl das sagenumwobenste Leben. Sein Fleisch hat eine extrem gleichmäßige Marmorierung und gilt als das teuerste der Welt. 100 Gramm kosten bis zu 50 Euro. Immer wieder wird behauptet, Kobe-Rinder bekämen sogar Bier und Sake zu trinken. Aber das stimmt nicht, wie die *FAZ* unlängst aufgedeckt hat. Auch Möhren und Kartoffeln fressen sie nicht, sondern nur das, was die anderen Rinder dieser Welt auch bekommen, nämlich Getreide, Heu, Stroh und Weizenkleie. Sie werden auch nicht täglich zwei Stunden lang massiert und mit japanischem Reiswein eingerieben. Wenn, dann wird das nur für die Touristen gemacht, und dann auch nicht in der Region Hyogo. Doch nur von dort kommen die Tajima-Rinder, die echtes Kobe-Beef liefern. Deren Fleisch ist nach Zungenzeugenberichten unbeschreiblich zart und von sagenhaft gutem Geschmack. Wer es ausprobieren will, muss ins → Flugzeug nach Japan steigen und dort jemanden ausfindig machen, der zu den wenigen Glücklichen gehört, die damit beliefert werden. Als Normalsterblicher kommt man nämlich gar nicht an das begehrte Fleisch: Die paar tausend Kilogramm, die jährlich produziert werden, sind längst vorbestellt, außerdem ist es bei Strafe verboten, echtes Kobe-Fleisch außer Landes zu bringen. Das, was in Europa oder Nordamerika als *Kobe* angeboten wird, stammt lediglich von Nachzüchtungen, Kreuzungen oder ganz anderen Rindviechern.

Lachs

Lachs ist seit vielen Jahren von keinem Frühstücksbuffet und aus keinem Studentenkühlschrank mehr wegzudenken. Moderne Zuchtmethoden machen es möglich, dass er heute zu Pfennigbeträgen hergestellt und angeboten werden kann. Gourmets vermissen indes den guten Geschmack von Wildlachs, Tierschützer sprechen abschätzig vom *Schwein des Meeres*. Aber kann man einerseits die Überfischung der Weltmeere beklagen und anderseits bei dem Wort Aquakultur die Nase rümpfen?

Lange Zeit stand Lachs neben Champagner und Zigarren für gehobenen Luxus. Den einzigen Lachs, den es in meiner Kindheit gab, war der knallrote Lachsersatz, von dem man schon vom Anschauen Sodbrennen bekam. Einmal im Monat teilte sich meine fünfköpfige Familie eine Dose, wir aßen sie mit Zwiebeln und Ei und waren glücklich. Bis mein Vater – es muss Ende der 1970er gewesen sein – von einem norwegischen Geschäftspartner eine echte Lachshälfte geschenkt bekam. Es war kurz vor Weihnachten, mit großen Augen standen wir um Vater herum, der ihn aus einem großen Pappkarton packte. Und waren erstaunt. Vor uns lag eine große, in Folie eingeschweißte Fischhälfte, deren Rot viel schwächer war als das, was wir kannten. Er war auch nicht kleingehäckselt, sondern ein einziges, großes, in Öl eingelegtes Stück. Kennerhaft erklärte der Familienvorstand, so was Gutes äße man natürlich nicht mit Ei und Zwiebeln, sondern mit Weißbrot (das es auch nur an hohen Feiertagen gab) und mit einer hellen Soße, die mitgeliefert worden war.

Der Lachs war für unsere unerfahrenen Zungen noch ein wenig gewöhnungsbedürftig, aber mit der cremigen, leicht süßlichen Soße schmeckte er uns mit jedem Happen besser, und bald waren wir so begeistert, dass wir alles bis zum letzten Bissen wegputzten und auch noch den Soßentiegel ausschleckten. Das war Luxus pur. Wir wussten, dass wir nach etwas so Köstlichem niemals mehr Lachsersatz würden essen können.

Als meine Mutter später aufräumte, entdeckte sie, dass sich in dem Pappkarton noch ein weiteres Töpfchen befand. Darin war eine grüne Senf-Dill-Honig-Soße, die man, das wurde schnell klar, eigentlich zum Lachs hätte essen sollen. Wir hatten ihn nämlich mit der Vanillesoße verspeist, die für die Rote Grütze bestimmt war, die sich ebenfalls in dem Karton befunden hatte!

Seit diesem Abend haben wir Lachs in allen erdenklichen Formen, Größen und Arten gegessen: gebraten, gegrillt, geräuchert, gebeizt, roh, im Brötchen, im Reis, in Sahnesoße und in der Lasagne. Aber ich schwöre, nie wieder hat er so geschmeckt wie beim allerersten Mal.

Leibwächter

Wer Leib und Leben schützen lassen möchte, sollte nicht den nächstbesten Muskelprotz nehmen, sondern auf eine *zertifizierte Personenschutzfachkraft (IHK)* zurückgreifen. Die hat sich durch einen Lehrgang zum Personenschützer dafür qualifiziert. Sie wurde in den Fächern Observations- und Aufklärungstechnik, Grundlagen der Fahrsicherheit, Abholung und Verbringung, Personenschutzdienstkunde und -maßnahmen, Veranstaltungsschutz, Sicherheitsanalysen und Schutzkonzepte, Gefahrenabwehr und Krisenreaktion ausgebildet und geprüft und hat eine Basisschießausbildung absolviert.

Schweizer Armbanduhren

Früher bekam ein Mann seine erste mechanische Armband- oder Taschenuhr von seinem Vater, der sie seinerseits von seinem Vater bekommen hatte. Im Zeitalter von Massenproduktion und Wegwerfuhren ist diese schöne Sitte so gut wie ausgestorben. Das ist ja auch nachvollziehbar. Eine Uhr soll die genaue Zeit angeben; das tut die für zehn Euro genauso gut wie die für 10 000.

Wer diese Tradition wieder aufleben lassen oder sich aus einem anderen Grund eine Armbanduhr aus der Schweiz kaufen möchte, sollte ein *Chronometer* erwerben. Nur das besitzt ein Qualitätszertifikat, das die *Contrôle officiel suisse des chronomètres*, kurz COSC, vergibt und das für hohe Ganggenauigkeit und Sekundenanzeigefähigkeit bürgt. Jedes Chronometer erhält, nachdem es mehrere Tage lang bei unterschiedlichen Temperaturen und bei unterschiedlichen Liegepositionen geprüft wurde, seine eigene, eingravierte Zertifikationsnummer.

Was die wenigsten wissen: Die meisten namhaften Marken bauen vorgefertigte Werke in ihre Uhren ein, die aus einigen wenigen Fabriken stammen, die Millionen Uhrwerke jährlich produzieren.

Wer das Gefühl haben möchte, etwas ganz Besonderes am Arm zu tragen, sollte deshalb zu einer *Manufaktur-Uhr* greifen. Deren Werke und ihre Teile werden tatsächlich noch zum allergrößten Teil von den Uhrenherstellern selbst gefertigt.

Aber immer bedenken: Fällt die Uhr runter oder wird gestohlen, sind gleich mehrere tausend Euro futsch.

Sexspielzeug

Beate Uhse, die Urmutter westdeutscher Heimerotik, rühmte sich stets, mit ihren Produkten massenweise Ehen aufgepeppt, wenn nicht gar gerettet zu haben. Auch wenn die Geschmäcker verschieden und den Vorlieben keine Grenzen gesetzt sind, sollte man sich sein Eheleben nur von gutem 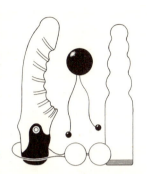 Sexspielzeug aufpeppen oder retten lassen. Viele Toys bestehen nämlich aus PVC und anderen Kunststoffen – selbst solche, die angeblich aus reinem Latex oder Silikon hergestellt sind. Weil sie zwar hart, aber nicht zu hart sein sollen, enthalten nicht wenige von ihnen Phtalate und andere Weichmacher sowie Lösungsmittel wie Cyclohexan und Toluol, die von den Schleimhäuten aufgenommen werden. Sie alle können Allergien auslösen, Leberschäden verursachen, Krebs erregen und das Erbgut schädigen. Es gibt zwar EU-weite Gesundheitsrichtlinien für Kinderspielzeug, aber leider nicht für das der Erwachsenen. Schlägt Ihnen schon beim Auspacken von Dildos, Vibratoren oder Kugeln ein stechender oder beißender Geruch entgegen, sollten Sie unbedingt auf deren Gebrauch verzichten.

Gutes Sexspielzeug besteht aus Edelstahl, Glas, Latex oder Silikon und riecht nicht. Außerdem ist es gut verarbeitet und hat keine Ecken und scharfen Kanten. Denn Ausschlag und Schnittwunden sind auch dem aufgepepptesten Liebesleben wenig förderlich.

Stuntmen

Wer einen Stuntman braucht, um einer Frau oder Freunden zu imponieren oder einen Film zu drehen, sollte nur mit den Besten ihres Fachs zusammenarbeiten. Sonst kann es einem so gehen wie den Bregenzer Festspielen, die vor einigen Jahren einen Stuntman aus dem ehemaligen Jugoslawien dafür engagiert hatten, von einem sehr hohen Balkon in den schönen Bodensee zu springen. Der eigentliche Hauptdarsteller sollte das Bühnenbild emporklettern, sich dann hinter einer Wand verstecken und seine Rolle an den Stuntman übergeben. Doch als der oben stand und sah, wie hoch der Balkon war, bekam er weiche Knie und weigerte sich zu springen.

Trüffeln

Einige Tipps für Trüffelliebhaber und solche, die es werden wollen:

- Seit einigen Jahren drängen schwarze Trüffeln auf den Markt, die wie *Périgord*-Trüffeln aussehen, aber keine sind und auch bei weitem nicht so gut schmecken. Im Grunde schmecken sie nach gar nichts. Sie stammen aus China. Allerdings werden sie im Gegensatz zu vielen anderen Dingen nicht gefälscht, sondern wachsen tatsächlich dort.
- Niemals Trüffeln im Glas nehmen, die in einer aromatisierten Lake schwimmen.
- Trüffelöl ist mit synthetischen Aromastoffen versetzt.
- Gute Trüffeln sind fest, haben keine Madenlöcher, sind nicht faul oder holzig und riechen nicht modrig.
- Schwarze Trüffeln aus dem italienischen Piemont und

dem Périgord in Frankreich schmecken sehr intensiv und entwickeln ihr volles Aroma im gegarten Zustand.
- Am besten sind weiße Trüffeln aus der Gegend zwischen Alba und Asti in Italien, die *Alba-Trüffeln.*
- Saison für Alba-Trüffeln ist im Herbst bis Ende November, manchmal Mitte Dezember.
- Sie schmecken wild und animalisch, nach Artischocken, Kohlrabi und Erde.
- Man gibt sie roh zu Eiernudeln, Spiegeleiern, ins Risotto, in die Suppe oder das Käsefondue.
- Einmal im Leben sollte jeder Alba-Trüffeln gegessen haben.
- Meist bleibt es nicht bei diesem einen Mal.

Zigaretten

Als in den 1950er Jahren erste Studien einen Zusammenhang zwischen Rauchen und Lungenkrebs nachwiesen, erfand die Tabakindustrie den Zigarettenfilter. Für kurze Zeit traute man diesen tatsächlich zu, sämtliche Schadstoffe zurückhalten zu können.

Heute wissen wir, dass alle Zigaretten gesundheitsschädlich sind, ob mit oder ohne Filter. Wer dem Laster des Rauchens verfallen ist, sollte den Giftstoffkonsum aber wenigstens so gering wie möglich halten und auf gar keinen Fall an Zigaretten sparen. Gefälschte Zigaretten – korrekterweise muss man von gefälschten Zigaretten*marken* sprechen –, die auf Parkplätzen, U-Bahnhöfen und vor Supermärkten angeboten werden, enthalten neben Teer, Nikotin und Kondensat nämlich oft auch noch Pestizide, Milben, Klebstoffe und andere gesundheitsgefährdende Stoffe.

Schließlich sollen Sie auf gesunde Art krank werden.

Alles gut, Ende gut

Ich danke den Menschen, die mich mit Informationen, Erfahrungen und Geschichten versorgt haben, besonders Aki, Alex, Andreas, Armin, Barbara, Carlo, Christel und Erhard, Holger, Jogi, Jörg, Jörn, Kathrin, Katinka, Mathias, Matthias, Michael, Olaf, Simon, Stefan, Till, Tomoko, Volkmar und Wolfgang.

Außerdem danke ich Bäcker Lehmann von der *Bäckerei Kempe* in Prenzlauer Berg, den alle nur Herrn Kempe nennen, Thomas Burg von der *Faktorei für Grünen Veltliner* in Wien, Kris Benesch vom Kickerverleih *5meter*, Daniel Weist und dem Team vom *BötzowRad*, Torsten Brabandt, der mich morgens um drei in die Geheimnisse des Berliner Großmarkts einweihte, Heiko Fehrenbach von der *Holzkantine* in Freiburg, Henrich Flaishans von *World of Wine* in München, Renate Flagmeier, Imke Volkers und Rita Wolters vom *Museum der Dinge*, Frau Linde und Herrn Steinki, in deren Schreibwarenladen in der Greifswalder Straße es einfach alles gibt, Monika Martynow vom Modelabel *Smykalla*, der Schneiderin Anke Spoerl, Rainer Zeller von der *wax GmbH Berlin* sowie den zahlreichen Verkäufern, Händlern und Beratern, die auch noch meine zwanzigste Frage geduldig beantworteten.

Ganz besonders aber möchte ich Bettina danken. Ohne Dich würde es dieses Buch nicht geben.

Register

Abdeckplanen 92
Abflusssiebe 104
Akkubohrer 92
Analogkäse 53
Anchovis 54
Apfelsaft 54
Aprikosen 55
Atemschutzmasken 93
Aufbewahrungsdosen 150
Austernbrecher 151
Autoersatzteile 94
Automobilistenverband,
   Mitgliedschaft 123
Autos 116

Babyflaschen 43
Balkonkästen 27
Balsamessig 55
Bananen 56
Bankomaten 116
Batterien 94
Bettwäsche 27
Bier 57
Bio-Limonade 58
Bleistifte 9
Bleistiftspitzer 10
Blumentöpfe 28
Bodenschutzmatten 10
Boulekugeln 136
Brandmalerei 95
Bräter 151

Bratwurst 58
Brennholz 28
Briefmarken 11
Briefumschläge 12
Brillen 179
   Schutz- 100
Brillenetuis 180
Brot 59
Brötchen 59
Brotmesser 151
Bürostühle 12
Butter 60

Callboys 193
Callgirls 193
Carving-Skier 137
CDs 95
Ceranfeldschaber 152
Ceranfeldschaberklingen 152
Collegeblocks 13
Cordhosen 180
Cutter 13

Daunendecken 29
Decken 29
Deodorants 105
Dillhappen 61
Döner 61
Dosenöffner 152
Dosentomaten 62
Drogen 44

Druckerpapier 14
Dübel 96
Duschbäder 105
Duschschläuche 105
Duschvorhänge 105

Eierlöffel 155
Einkochgläser 154
Einzelhandel 117
Eiscreme 62
Eisportionierer 155
Eiswürfelbeutel 155
Emmentaler 63
Energiesparlampen 30
Epilierer 106
Erdbeeren 64
Erdbeermarmelade 64
Espressokannen 156
Expander 138

Fahrräder, allgemein 138
   Kinder- 46
Fahrradsatteltaschen 138
Fahrradschlösser 139
Fahrradzubehör 139
Fairer Handel 117
Feinstrumpfhosen 180
Ferngesteuerte Flugzeuge 140
Fernsehserien 96
Filets 65
Filzgleiter 14
Fleisch 67
Fleischsalat 68
Fluggesellschaften 118
Flughafenbusse 119
Flugzeuge, ferngesteuerte 140
Frischhaltefolie 156
Füllertinte 15
Fußbälle 140
Fußballschuhe 141

Fußbodenbeläge 30
Fusselrasierer 31
Futternäpfe 44

Garderobenhaken 31
Gefährliche Orte 120
Geld 120
Geldbörsen 181
Generika 107
Geodreiecke 15
Getränkedosen 157
Gewürzgurken 69
GEZ 96
Gin 68
Gipserbecher 97
Grana Padano 69
Grüner Veltliner 70
Gürtel 181

Haarbürsten 107
Handschuhe 182
Handtücher 107
Handyverträge 15
Haushaltsscheren 31
Heftgeräte 17
Heftklammern 17
Herrenhandtaschen 182
Hobel 157
Homepages 17
Hornhauthobel 108
Hüftgelenke, künstliche 110
Hunde 44

Immobilien 33

Jeans 182
Jersey-Shirts 183

Kaffee 70
   Abklopfkästen für
     Espresssokannen 150
Kaffeefilterbehälter 158
Kaffeemaschinen 158
Kaffeemühlen 160
Kalbfleisch 71
Kämme 109
Kapern 72
Kapselheber 161
Karteikarten 18
Kartoffeln 72
Kartoffelstampfer 161
Kaschmirpullis 183
Käse, allgemein 74
   Analog- 53
   Emmentaler 63
   Grana Padano 69
   Parmesan 80
   Schafs- 84
Käsereiben, manuelle 161
   mechanische 167
Kaviar 194
Kinder 45
Kinderarbeit 45
Kinderfahrräder 46
Kinderwagen 46
Klammeraffen 18
Klebebänder 18
Klebefilme 19
Klebstoff 20
Kleiderbügel 184
Klosteine 109
Knoblauchpressen 162
Kobe-Fleisch 195
Kochtöpfe 162
Kondome 109
Kopfhörer 97
Korken 163
Korkenzieher 164

Körperwaagen 33
Korrekturflüssigkeit 20
Krankenkassen 110
Küchenmesser 165
Küchenwaagen 166
Küchenzeilen 167
Kugelschreiber 21
Kühlschränke 167
Künstliche Hüftgelenke 110

Lachs 196
Ladengeschäfte 121
Lammfleisch 75
Laptoptaschen 22
Lautsprecher 98
Leibwächter 197
Leipziger Allerlei 75
Lenkradüberzüge 98
Limetten 76
Limonade, Bio- 58
Lineale 22
Locher 22
Lüsterklemmen 99

Mechanische Käsereibe 167
Medikamente, allgemein 110
   gegen Impotenz 47
Messer 168
Mietwagen 121
Minigolfanlagen 142
Mischbatterien 33
Mitgliedschaft in einem
   Automobilistenverband 123
Möbel 34
Monitore 24
Müllbeutel 35
Mülleimer 36
Musiklabels 24

Nackenkissen 124
Nagelfeilen 111
Notizbücher 25
Nudeln 76

Obst 77
Olivenöl 77
Orangensaft 79
Ordner 25
Outdoor-Grills 125

Papiertaschentücher 111
Parmesan 80
PDE-Hemmer 47
Perlen 185
Pesto 81
Pfannen 168
Pfeffer 82
Pfeffermühlen 169
Pfirsiche 82
Pflaster 112
Plastikspielzeug,
    nervenzehrendes 43
Postkarten 126
Putzeimer 36

Regenjacken 186
Regenschirme 186
Reiben, allgemein 169
    Käse- 161
Reinigungen 187
Reiseführer 127
Reisetaschen 127
Rioja 82
Rollatoren 128
Rollkoffer 128
Rote Bete 83

Safran 83
Santoku-Messer 170

Särge 48
Satteltaschen, für Fahrräder 138
Schafskäse 84
Schaufeln und Besen 36
Scheibenwischerblätter 129
Scheren 31
Scherze 144
Schinkenimitat 84
Schlafmatten 130
Schneidebretter 172
Schneidemaschinen 25
Schnullerketten 49
Schöpflöffel 173
Schrauben 99
Schraubenschlüssel 100
Schuhe, allgemein 188
    Sport- 145
    Fußball- 141
Schuhabstreifer 39
Schuhspanner 189
Schulhefte 26
Schulspeisungen 85
Schutzbrillen 100
Schutzhandschuhe 101
Schwangerschaftstests 50
Schwarzarbeiter 37
Schweizer Armbanduhren 198
Seife 112
Seifenschalen 113
Seitensprung-Agenturen 51
Servietten 170
Sexspielzeug 199
Sicherheitsnadeln 38
Silikonbesteck 171
Singlepackungen 85
Skisocken 144
Socken 189
Sonderangebote 130
Spachtel 101
Spannbetttücher 38

Spargel 86
Spätzlehobel 173
Spielesammlungen 144
Spielkarten 145
Spielwaren 51
Spielzeugautos 51
Sportschuhe 145
Sprachkurse 131
Spülmittel 174
Spülschwämme 174
Stabmixer 175
Stereoanlagen 101
Straßenkarten 133
Strohhüte 190
Studentenzimmer 39
Stuntmen 200
Supermärkte 134

Tacker 102
Taschentücher, Papier- 111
Taxis 135
Teebeutel 87
Teigschaber 175
Tennisbälle 147
Tischkicker 148
Toaster 175
Tod 52
Toilettenabdeckungen 113
Topflappen 176
Trafiken 135
Trekkingsandalen 147
Tricks 26
Trockenobst 88
Trüffeln 200
T-Shirts 191
T-Shirts, Jersey- 183

Unterwäsche 192
Urinalsteuerungen,
   automatische 104
Vollkorn 88
Vorhängeschlösser 40

Waagen, Körper- 33
   Küchen- 166
Wandfarbe 41
Wärmflaschen 42
Wäscheständer 114
Wasserkocher 176
Wasserrohrzangen 102
Watte 114
Wattestäbchen 115
WC-Reiniger 115
Wein 89
Weingläser 177
Werkzeugkoffer 103
Wickeltische 52
Wiener Schnitzel 90
Wild 90
Windeln 52
Würfel 149
Würfelbecher 149

Zahnbürsten 115
Zeitungen, gebügelte 193
Zigaretten 201
Zitruspressen 178
Zürcher Geschnetzeltes 91
Zurrgurte 103
Zusatzgarantien, für
   Elektrogeräte 103

Jens Schäfer

wurde 1968 in Löffingen geboren, studierte Geisteswissenschaften in Freiburg, Wien und Berlin, schreibt Drehbücher fürs Fernsehen und hat die Romane *Echte Männer* und *Umzugsroman* sowie die *Gebrauchsanweisung für Freiburg und den Schwarzwald* veröffentlicht. Nachdem er lange Zeit unter zu vielen zu schlechten Dingen litt, stellte er vor zwei Jahren sein Einkaufsverhalten völlig um. Jens Schäfer lebt und konsumiert in Berlin und wird als geläuterter Schnäppchenjäger nur noch äußerst selten rückfällig.

Wenn auch Sie gute Dinge lieben oder unter schlechten leiden, teilen Sie Ihre Erlebnisse und Tipps mit:
www.schnaeppchenfreiezone.de